大統合

대통합

전 사회통합위원장 송석구 교수의
대한민국 선진화 철학

초판 인쇄 2015년 5월 15일
초판 발행 2015년 5월 28일

지은이 송석구
펴낸이 강병선
편집인 김성수

기획·책임편집 김성수 **디자인** 이현정 **교정** 최준석
마케팅 방미연 이지현 함유지 **홍보** 김희숙 김상만 한수진 이천희
제작 강신은 김동욱 임현식

펴낸곳 (주)문학동네
출판등록 1993년 10월 22일 제406-2003-000045호
임프린트 아템포

주소 413-120 경기도 파주시 회동길 210
문의전화 031-955-1930(편집) 031-955-2655(마케팅)
팩스 031-955-8855
전자우편 kss7507@munhak.com

ISBN 978-89-546-3640-7 03300

• 이 도서의 국립중앙도서관 출판시도서목록(CIP)은 서지정보유통지원시스템 홈페이지(http://seoji.nl.go.kr)와 국가자료공동목록시스템(http://www.nl.go.kr/kolisnet)에서 이용하실 수 있습니다.(CIP제어번호: CIP2015013332)

www.munhak.com

대통합

전 사회통합위원장 송석구 교수의
대한민국 선진화 철학

송석구 지음

아템포

서문

대한민국 선진화 철학, 소통과 통합

필자는 이미 고희古稀를 넘어섰지만 지난 걸어온 길을 돌아보며 앞으로 갈 길을 생각해보면 여전히 설렘으로 가슴이 뛴다. 그것은 우리 사회가 더 나아질 것이라는 긍정적인 희망이 있고, 그러한 과정에서 내가 여전히 작은 역할이나마 일익을 담당할 수 있을 것이라는 기대 때문일 것이다.

평생을 학자로서, 또 한 가정의 가장으로서 소통의 중요성을 깊게 느끼며 살아왔다. 그러다 사회통합위원장을 지내면서 전국의 민생 현장을 돌아보고 여러 갈등 상황에 대한 원인과 해법을 고민하다 보니 우리 사회에 소통이 절실하게 필요하다는 것을 다시 한 번 깨닫게 되었다.

그렇게 해서 형성된 나의 명백한 신념은 우리 사회가 지금보다 나아지기 위해서는 소통과 통합이 그 무엇보다 중요하다는 것이다. 우리나라가 한국전쟁 이후 폐허에서 오늘날의 빛나는 산업화와 민주화의 기적을 이룩할 수 있었던 것도 온 국민이 경제성장과 사회 발전의 가치에 대해 때로 대립이 있기도 했지만, 이 대립을 넘어 서로 끊임없이 소통할 수 있는 구조를 유지하고 발전시켜왔기 때문이다.

소통이 단절된 사회에는 불필요한 갈등과 불신이 높아지기 마련이고, 극한의 갈등과 대립이 심해질 뿐이다. 물론 더불어 사는 민주주의 사회에서 다른 의견이 없을 수 없고, 갈등 또한 존재할 수밖에 없다. 중요한 것은 의견을 일치시키는 것이 아니라 서로가 서로를 동등한 사회 구성원으로 존중하고 이해하면서 활발하게 소통하는 문화를 만드는 것이다.

이러한 소통의 문화가 바로 서야 서로 다른 의견이라 할지라도 나에게서 너에게로, 너에게서 나에게로 전해지면서 상대방의 진실한 마음을 확인할 수 있다. 나라를 생각하고 공동체의 행복을 고민하는 진실한 마음을 확인할 수 있다면 비록 특정한 사회문제에 대해 관점이 서로 다르더라도 소통하는 과정에서 현명한 해결책을 찾아갈 수 있다.

《동의보감》에 "통즉불통通則不痛 불통즉통不通則痛"이라는 말이 있다. 통하면 아픔이 없고 통하지 않으면 아픔이 있다는 말인데, 뜻을 풀어보면 몸 안의 기가 잘 통하면 병이 없고, 그렇지 못하면 병이 나기 마련이라는 한의학의 깊은 원리가 담겨 있다. 이 한의학의 원리는 우리 사회에도 그대로 적용해볼 수 있다. 기와 혈이 잘 통하지 않으면 병이 생기는 사람의 몸처럼, 모든 구성원이 유기적 관계를 맺은 사회도 소통이 되지 않으면 병들어간다.

건강한 신체는 피가 원활히 흐르고 기가 잘 통한다. 이처럼 우리 사회가 활발한 소통을 통해 건강한 사회, 진정한 선진국으로 나아가길 바라는 마음에서 이 책을 썼다.

이 책이 나오기까지 사회통합위원회 시절 함께했던 연구원들의 밤낮 없는 고뇌의 결과가 큰 도움이 되었다.

사회통합위원회 부위원장 박승주 위원, 이념 분과위원장 나종일 교수, 계층 분과위원장 이원덕 교수, 지역 분과위원장 김성국 교수, 세대 분과위원장 정성진 교수, 양영진 교수, 홍보위원장 김영신 교수, 이배용 교수, 교육 특별분과위원장 김종량 교수, 김원식 교수, 박경배 단장, 박재근 전문위원 등과 사회통합 위원 및 파견 공무원 모두에게 심심한 감사를 드린다.

이 책이 우리 사회의 진정한 소통과 대통합에 조금이라도 도움이 되길 빈다.

2015년 봄

삼각산 평창동 향림정사香林精舍에서

차례

서문

대한민국 선진화 철학, 소통과 통합 004

1장 왜 사회통합인가

2장 사회통합을 위해 넘어야 할 7가지 과제

3장 소통, 통합의 문화를 창조하는 힘

4장 사회통합을 위한 소통의 핵심 비결

통합을 위한 명사들의 작은 소통 특강

1장

왜
사회통합인가

01

갈등과 혼돈을 넘어

OECD 국가 중 한국이 부끄럽게도 1위를 하는 지표들이 상당수 있다. 일단, 합계출산율 1.29명으로 최저출산율을 '자랑'하고 있다. 연 2090시간으로 최장 근로시간이다. 자살률이 증가하는 유일한 나라다. 사교육비 부담 1위며, 남녀 임금 격차, 저임금 노동자 비중, 노인 빈곤율 등이 모두 1위다. 서울대학교 사회발전연구소에 따르면 제1의 성공 조건은 돈인 것으로 나타났다. 그 비율은 1998년 35.8%에서 2007년 60.5%로 큰 폭으로 상승했다. 이러한 상황이다 보니 사회적 갈등이 큰 폭으로 증대하는 실정이다.

사회 내적으로 갈등이 계속 일어나다 보니 고소 건수는 일본보다 인구당 무려 60배가 넘는다. 2000년 이후 최근 15년 사이 소송이 꾸준히 증가하는데 소송증가율이 인구증가율의 5배를 넘는다. '대한민국은 고소공화국'이라는 부끄러운 말이 나돌 만큼 지난 10여 년 동안 한국 사회의 갈등은 지속적으로 증가해왔다. 이러한 상황에서 소통과 통합을 화두로 삼고, 갈등의 해결책을 찾아 나서는 것은 매우 중요하고 시급한 일이다.

물론 어느 시대에나 사람들은 자기가 사는 시대를 '위기'라고 진단해왔다. 하지만 현대 한국 사회의 위기가 더욱 심각한 것은 사회의 뿌리까지 흔들리고 있기 때문이다. 과거의 사람들은 위기를 윤리와 연결하여 사고하는 습관이 있었고, 위기에 처하면 땅에 떨어진 도덕에서 그 원인을 찾으려고 했다. 그래서 먼저 자기가 속한 사회의 윤리와 도덕을 바로 세우기 위해 노력했다. 그러다 실질적으로 국가가 존망의 상황에 놓였을 때, 이렇게 정립한 윤리와 철학을 바탕으로 내홍內訌과 외침을 극복하기 위해 분투하였다.

그런데 현대사회는 도덕과 윤리가 사라진 시대다. 어렸을 적부터 윤리 교육이 제대로 이루어지지 않으니 사회가 혼란스럽고 부정부패가 횡행한다. 조선시대에는 《격몽요결擊蒙要訣》을 비롯한 '삼강오륜三綱五倫'을 통해 아이들을 사람답게 자라도록 가르쳤다. 부모를 잘 모시지 않는 이는 자기 고장에서 지탄 받을 대상이 되었다. 사람들이 살아가는 생활 속에 자연스럽게 배어 있는 윤리와 도덕의 문화는 법보다 직접적이고 무서운 것이었다. 우리가 사는 지금 이 시대는 법도 무서워하지 않고 도덕과 윤리도 좀처럼 찾아보기 어렵다.

《격몽요결》은 1577년 율곡 이이가 42세 되던 해에 학문을 처음 시작하는 아이들을 계몽하기 위해 쓴 책이다. 율곡이 해주에서 학생들을 가르친 경험을 되새겨 저술한 것으로, 1629년에 황해감사가 수백 권을 인쇄하여 조정에 바쳐 반포하게 하였다.

책 서문 중 일부이다.

> 초학자가 방향을 모르고, 굳은 심지가 없이 이것저것 배우면 도움이 되지 않고, 도리어 남의 조롱만 사게 될 것이니 여기에 책을 쓴다. 대략 마음을 세우는 것, 몸가짐을 단속하는 것, 부모를 봉양하는 법, 남을 접대하는 방법을 정리하여 이를 《격몽요결》이라 하니 학도들은 이 책을 보고 마음을 씻고 뜻을 세워 즉시 공부에 착수하라.

어린 백성을 계몽하고자 하는 율곡 선생의 강렬한 의지를 읽을 수 있는 대목이다. 왕에서 민간까지 이러한 윤리를 배웠고, 이 윤리가 통치이념으로 자리잡았다. 그러나 지금은 그 흔적조차 찾아보기 어렵다.

독일, 프랑스 같은 선진 유럽 국가들은 우리나라로 치면 초등학생 시절부터 교양철학을 가르친다. 선진 유럽 국가들이 세계적인 선진국이 된 데에는 그러한 정신적 밑바탕이 깔려 있다. 그러나 지금 우리 사회는 전통적인 윤리와의 연결고리가 끊어진 상태에서 시장경제와 민주주의라는 새로운 체제를 받아들이면서 심각한 혼란을 겪는 실정이다.

위기는 시대마다, 나라마다 특성이 있는데 근래 우리 사회를 살펴보면 윤리와 도덕이 부재한 상황에 놓이면서 총체적인 위기에 처한 것 같다. 전 세계적으로도 각종 테러, 우크라이나 사태, IS 문제 등과 같이 국가 간, 문화 간 갈등이 벌어지는 양상이며, 한국 내부에서도 정치, 경제, 사회, 문화, 철학, 교육 전반에 갈등이 표출되면서 위기 상황에 맞닥뜨렸다.

갈등이 단순하게 위기감만을 조성하는 것은 아니다. 갈등으로 인해 발생한 실질적인 비용을 수치로 환산하면 더욱 놀라움을 금치 못하게 된다. 삼성경제연구소에 따르면, 2013년 기준 한국 사회의 갈등수준은 OECD 회원국 중 두 번째로 높다. 2005년에는 터키, 폴란드, 슬로바키아에 이어 4위였는데 지금은 종교분쟁을 겪고 있는 터키를 제외하고는 갈등이 가장 심각한 수준이다.

삼성경제연구소 박준 연구원의 조사에 따르면, "한국의 사회갈등으로 발생하는 경제적 비용은 연간 82조에서 246조 원으로 추산된다. 한국의 사회갈등지수가 OECD 평균 수준으로만 개선돼도 1인당 국내총생산GDP은 7%에서 21%가 증가할 것"이라고 한다.

최대 250조에 달하는 이 비용은 우리나라 한 해 예산의 70%에 맞먹는 비용이다. 사회갈등이 경제 성장에 미치는 부정적 영향이 우리나라 한 해 예산에 준하는 엄청난 규모인 셈이다. 갈등 때문에 더딘 경제 발전과 어마어마한 비용을 고려한다면, 당장 우리 사회의 갈등을 해결하고 통합을 위한 소통의 노력을 지속해야 하는 것은 우리 시대의 당면한 과제임에 틀림 없다.

적당한 수준의 갈등은 불가피한 것이며, 한편으로는 더 나은 사회로 나아가는 데 필요한 것이기도 하지만, 이렇게 지나친 갈등은 우리 사회를 좀먹고 성장을 더디게 만들어서 우리 모두에게 그 피해가 돌아오게 만든다.

갈등과 혼돈의 이 시대를 바라보면서, 한 사회가 갖춰야 할 기본을 곰곰이 생각하게 된다. 앞서 말했던 《격몽요결》과 삼강오륜 등을 통해 익혔던 도덕과 윤리가 다시 우리 생활 속에서 살아 숨 쉬는 사회가 되어야 한다. 물론 현대에 맞게 재해석되고 새로운 민주주의적 가치와 조화를 이루어야 할 것이다. 이런 기본을 갖추기 위해서는 국가가 적극적으로 관여해 어려서부터 사람됨을 교육해야 한다.

사회통합의 근본은 교육인데, 우리 사회는 전반에 걸쳐 교육이 부족하다. 가정교육, 사회교육은 말할 것도 없고, 개인교육이라고 할 수 있는 자신을 수양하고 계발하려는 노력도 기울이지 않는다. 갈등의 시대를 끝내기 위해서는 국가가 앞장서서 교육으로 국민을 일깨워야 할 것이니, 우리 사회 전체가 인간이 중심이 되는 새로운 교육으로 거듭나지 않으면 사회통합의 길은 더욱 요원해질 것이다.

따라서 필자는 이 책을 통해 교육을 바탕으로 갈등과 혼돈의 시대를 넘어 통합의 시대로 나아갈 것을 제안하고자 한다. 이제 필자의 사회통합위원회 시절 겪은 경험을 바탕으로 그 방안을 하나씩 살펴보도록 하자.

02

'보이지 않는 손'의 위기

사람을 구성하는 요소는 크게 정신과 물질 두 가지로 나눠볼 수 있다. 그런데 현대사회의 인간은 물질에 치중한 삶을 살다 보니 탐욕스러워지면서 정신이 부패하게 되었다. 정신적인 삶, 영혼을 중심에 두는 삶이 아니라 물질에 치우치는 삶을 살다 보니 균형을 잃고 영혼이 파괴된 것이다.

서양의 중세시대나 동양의 전근대사회에서는 적어도 정신과 영혼에 대한 외경畏敬이 있었다. 동서양을 막론하고 자본주의와 시장경제체제가 일반화되면서 정신보다는 물질을 위주로 한 삶을 살게 되었다. 인간이 급속도로 속물화되면서, 14세기 전 유럽을 강타했던 흑사병黑死病이 사람들을 검은 피부로 물들어 죽어가게 했듯이 현대의 대중들은 물신주의物神主義와 배금주의拜金主義에 물들어 죽어간다.

인간적인 휴머니즘, 나누고 베푸는 따듯한 인의仁義의 마음, 평등의식, 도덕률 같은 것들이 무너져가는 현장을 보고 있다. 오직 '위너스 테이크 올Winners Take All'이라 불리는 승자독식勝者獨食의 시대가 된 것이다. 인간적인 가치는 자본주의 시대의 승자 앞에서 무기력하게 무너지고, 영혼에 대한 외경은 고대의 유산으로 치부되어 박물관에나 있는 골동품처럼 낡아가거나 폐기된 지 오래다.

이렇게 인간적인 가치가 몰락한 시대가 되다 보니 계층 갈등, 지역 갈등, 세대 갈등, 이념 갈등 같은 다양한 갈등이 일상화되었다. 불행하게도 현대인들은 홉스의 '만인 대 만인의 투쟁'을 연상케 하는 갈등의 포화 상태 속에서 살아가게 된 것이다.

이러한 물신주의가 팽배한 시대에 즈음하여 시장경제체제의 근본 토대가 된, 애덤 스미스의 '보이지 않는 손invisible hand'에 대해 생각해본다.

애덤 스미스Adam Smith가 1766년에 출간한 《국부론》이라고 불리는 《국부의 성질과 원인에 대한 연구》는 근대 경제학의 기초가 되었다. 흔히 《국부론》에서 처음 다룬 것으로 이야기되는 '보이지 않는 손'에 대한 개념은, 사실 애덤 스미스가 1759년에 출간한 《도덕 감정론》에서 먼저 거론되었다. '보이지 않는 손'은 개인이 자신의 이익을 위해 자연스럽게 행동할 때 사회를 이롭게 한다는 개념이었다. 그런데 이 개념이 실현 가능한 이유는 인간에게 공감능력이 있기 때문이라는 것이다. 공감능력을 바탕으로 이루어지는 개인의 활동이 사회를 이롭게 한다는 것은 지극히 당연한 이야기다.

자기 자신의 이익을 추구하는 것이 사회 전체의 이익을 낳는다는 '보이지 않는 손'의 개념은 《국부론》의 바탕을 이루는 철학이기도 했는데, 앞서 말한 것처럼 《국부론》은 오늘날 거시경제학의 토대가 되었다.

《국부론》에 의하면 '보이지 않는 손'은 가장 적절한 양과 종류의 재화를 생산하게 한다. 수요자와 생산자가 자신의 이익을 극대화하려고 노력한 결과로 가격이 형성되고, 그렇게 형성된 가격은 시장에 참여하는 사람 모두가 만족하는 것은 물론 사회 전체의 이익도 극대화한다. 이렇게 출발한 자유시장경제체제는 세계적으로 가장 보편적인 경제체제가 되었다.

20세기를 거쳐 21세기에 이른 지금, 인간의 끝없는 탐욕은 '보이지 않는 손'의 조절능력을 상실하게 했다. 더 많은 탐욕을 채우기 위한 불필요한 생산과 소비로 지구 전체가 몸살을 앓는 중이며, 인간은 생산과 소비의 노예로 전락하였다.

'보이지 않는 손'은 이제 정상적으로 구동하지 않는다. 현악기로 치면 줄이 너무 느슨해져버렸거나 끊어져버릴 듯이 너무 지나치게 당겨져 조율이 전혀 되지 않은 상태인 것이다. '보이지 않는 손'이 세계경제를 조율하는 시대는 지난 것 같다. 자본주의는 이제 통제 불가능한 상황에 놓였다.

전쟁도 마찬가지다. 과거에는 선전포고를 하고 재래식 무기로 전략과 전술을 짜 전쟁을 진행하다가 희생자가 너무 많거나 서로 간의 요구 사항이 맞으면 전쟁중에도 협상 테이블을 만들어 적정한 선에서 타협을 했다. 하지만 지금은 어떤가? 핵이라는 무기가 개발되어 전쟁은 자칫 통제 불가능한 대재앙 그 자체가 될 수 있는 상황에 놓였다. 군인이 굳이 투입되지 않아도 그저 버튼 하나만 누르면 전 인류가 멸망할 수 있는 극단적인 상황에 처한 것이다.

다시 '보이지 않는 손'으로 돌아가보자. 저명한 도덕철학과 교수였던 애덤 스미스는 한 인간이 다른 인간에게 감정을 이입하는 능력, 즉 공감능력을 도덕의 기초로 보았다. '보이지 않는 손'은 도덕적 기초가 있는, 공감능력을 발휘할 수 있는 인간이라는 전제 아래 정상적으로 구동되는 경제 시스템인 것이다.

우리는 지금 자유시장경제체제라는 이름 아래 살아가지만 공감이 없으니 배려도 존중도 관용도 없는 시대, 더는 '보이지 않는 손'이 정상적으로 작동하지 않는 시대, 눈에 보이는 물질에만 탐욕을 부리는 위험한 갈등 세계에 살고 있는 것이다.

애덤 스미스의 '보이지 않는 손'이 역사적으로 명백한 한계를 드러낸 것은 20세기 초반, 대공황을 통해서였다. 대공황이 일어나기 전까지 경제학자들은 상품이 과잉생산되어 팔리지 않는 일은 벌어질 수 없다고 보았다. 마르크스가 노동자 계급이 점점 가난해지고 생산력은 빠르게 발전하기 때문에 자본주의는 과잉생산으로 공황에 빠질 것이라고 지적했지만, 경제학자들은 한 귀로 듣고 한 귀로 흘려버렸다. 공급은 같은 크기의 수요를 창출한다는 프랑스 경제학자 세이의 판로설販路

說을 신앙처럼 믿은 탓이다. 심지어 대공황이 진행되는 와중에도 경제학자들은 곧 불황에서 벗어날 것이라는 낙관적인 전망만 내놓았다.

결국 마르크스의 예언대로 대공황은 미국을 포함한 전 유럽을 뒤흔들어놓았고, 엄청난 실업률과 주가폭락으로 많은 사람이 굶주리고 죽게 되었다. 여기에 대한 해결책을 내놓은 이가 바로 존 메이너드 케인스John Maynard Keynes였다.

케인스는 영국 상류층 출신으로 대단한 천재였다. 1883년 6월 5일 영국 케임브리지에서 태어났는데 서른 살의 나이에 케임브리지 대학교 킹스칼리지에서 강의했다. 또한 왕립경제학지 〈이코노믹저널〉 편집자로 있으면서 이 잡지를 세계적으로 권위 있는 경제학 잡지로 만들었다. 제1차 세계대전 중에는 재무성에 근무하며 평화회의에 재무성 수석대표로 참석하기도 했다.

케인스는 철저하게 자본주의와 시장경제체제를 신봉하는 경제학자였지만 '보이지 않는 손'의 약점에 대해서는 정확히 간파한 사람이었다. 케인스의 이론은 화폐의 뒷받침을 받는 유효수요가 부족해서 생산설비와 노동력이 남아도 불황이 생길 수밖에 없다고 했다. 여기에 대한 처방으로 사람들이 소비할 능력이 부족하니 정부가 나서서 대신 소비를 해줘야 한다는 것이었다. 공공사업을 벌여 국가가 지출하면 노동자의 소득이 생기고, 노동자가 소비하면 기업이 다시 공장을 돌려 노동자에게 임금을 준다는 논리다.

모든 인간이, 특히 가진 자들이 상대방을 배려하는 데 완벽할 수 있다는 것은 이상이다. 자본가들이 중심이 되는 '보이지 않는 손'도 완벽할 수 없다는 것이 증명되었다. 결론은 국가가 개입해서 '보이지 않는 손'의 탐욕을 제어해야 한다는 것이다. 사회통합을 위해서도 때로는 국가의 적극적인 개입과 계도가 필요한 것이 바로 이 때문이다.

케인스의 이론을 실천으로 옮긴 이는 바로 미국 역사상 유일한 4선 대통령인 프랭클린 루스벨트Franklin D. Roosevelt였다. 1882년에 태어난 루스벨트는 하버드 대학교를 졸업하고 컬럼비아 법학대학원에서 법률을 공부했다. 변호사를 거쳐 1910년 뉴욕 주 상원의원으로 당선되어 정계에 진출했다.

루스벨트가 1940년 세 번째로 대통령에 당선된 후 1941년 1월, 의회에 보내는 연두교서에서 밝힌 '4가지 자유'는 유명하다. 이 4가지 자유는 국제연합 UN 헌장의 인권조항이 되었고, 1948년 12월 10일 국제연합 총회에서 세계인권선언문 전문에 채택되었다. 국가의 지도자들이라면 언제나 되새겨볼 가치가 있는 4가지 자유란 바로 '언론의 자유, 신앙의 자유, 결핍으로부터의 자유, 공포로부터의 자유'다.

루스벨트는 케인스의 이론을 따라 자본가들의 반대에도 국가가 개입하여 경제 문제를 해결하는 '뉴딜New Deal 정책'을 폈다. 콜로라도 강과 테네시 강에 큰 댐과 발전소를 세워서 건설 붐을 일으키고, 독점을 규제하고, 노동자들의 임금을 끌어올리며 적극 투자하고 관리한 끝에 대공황을 해결할 수 있었다.

사회간접자본과 복지 정책에 투자한 것이 불황을 해결한 근본 대책이었던 것이다. 시장경제가 스스로 문제를 해결하는 것이 기본이지만, 자본주의의 맹점, 사각 지대라고 할 수 있는 국가적인 인프라를 구축하는 일과 더불어 잘살 수 있게 하는 복지에 대해서는 반드시 국가가 개입해야 한다. 지도층은 국가가 개입해야 할 일과 개입하지 않아야 할 일을 잘 구분해야 하는데, 사회통합도 사회간접자본과 복지와 마찬가지로 국가가 책임감을 갖고 적극 추진해야 하는 일이다.

03

갑질 없는 세상을 위하여

요즘 미디어를 보면 소위 '갑질'이 사회적 이슈로 등장한 것을 알 수 있다. 대기업 사장의 딸이 회사 직원에게 갑질을 한 것이나, 백화점 VIP 고객이 종업원에게 갑질을 한 것 등에 관한 기사가 연일 언론을 오르내린다. 설명 안 해도 알겠지만 여기서의 '갑질'은 부와 권력을 쥐고 갑의 위치에 있는 사람이 그렇지 못한 을에게 인간적인 모욕을 가하거나 실질적인 이익을 빼앗는 것을 말한다.

사실 갑질은 어제오늘에 있었던 문제가 아니다. 오히려 과거 신분제 사회에서는 이러한 갑질이 제도화되어 있었다. 지금은 경계가 모호하지만 과거는 갑과 을이 명확하게 구분된 사회였다.

갑과 을이라는 계층 간의 갈등은 서양 사회를 보면 산업혁명 이전과 산업혁명 이후로 나눠서 살펴볼 수 있다. 우리나라는 전제군주 시대가 막을 내리는 구한말 이전과 이후로 나눌 수 있을 것이다. 전제군주 시대였던 조선시대는 문관과 무관으로 구성된 양반 계층과 그렇지 못한 평민 계층으로 나뉘었다. 사농공상士農工商의 '사'에 해당하는 선비가 양반이었고, '농공상'업에 종사하는 이들이 평민이었다.

성리학 이론에 따라 인간은 누구나 평등하다는 개념은 있었을지언정 실질적으로 가치의 생산과 소비, 생활과 문화에서 분명히 갑과 을로 나뉘었다. 정치이념 역시 위민爲民정치라고 하여 백성을 위한 정치, 을을 위한 정치를 한다고 주장은 했지만 실질적으로는 양반을 우선하는 정치를 했던 게 사실이다.

대한제국이 되고 서구 사상이 들어오면서 비로소 지배층과 피지배층, 갑과 을이라는 사회체제로서의 구분이 사라지게 되었다. 광복이 된 이후에 갑과 을이 하나라는 민주적 질서가 정립되기 위한 틀이 마련됐다. 법과 제도, 사회 풍속의 전반에 평등, 인권, 민주의식이 싹을 틔우고 자라나기 시작한 것이다.

그 이후에 군사정권이 비민주적인 절차를 거쳐 들어서면서 독재의 시대가 되었다. 물론 독재는 부와 권력을 독점하는 갑이 형성될 수 있는 좋은 온상을 마련해주었다. 독재와 군사정권을 극복하고 민주적인 정치제도를 확립하기까지 또다시 수십 년이라는 세월이 흘러야 했다. 제대로 된 민주적인 헌법과 정치제도가 마련된 것은 1987년으로, 아직 채 30년이 되지 않았다.

이처럼 우리나라의 오랜 역사를 살펴보건대 갑과 을의 구분이 사라진 사회체제가 들어선 것은 그 이전에 비해 상대적으로 역사가 굉장히 짧다.

문민정부 이후로 꽤 나아지기는 했지만, 급속하게 발전한 자본주의로 인해 생겨난 졸부들이나 친일 세력, 독재정권에 빌붙은 권력자들이 새로운 갑으로 성장하면서, 이들이 아직까지 한국 사회에 잔존하는 유교 및 신분 사회 문화에 기대어 폭압적인 갑질을 계속 하고 있는 것이다.

어쩌면 지금 을의 위치에 놓인 많은 '평민' 역시 과거의 뿌리 깊은 계층의식에서 벗어나지 못하는 한 언젠가 똑같은 일을 벌일 수 있는 '예비 갑질 후보군'이라고 볼 수도 있을 것이다. 이렇게 갑질은 하루 이틀 일이 아니라 수천 년 동안 형성된 적폐로 사회 곳곳에서 늘 벌어지는 일이었다. 다만 근래 미디어의 엄청난 발전으로 불거져 보이는 것뿐이다.

갑질은 단기적으로 해결할 수 있는 문제가 아니다. 고정관념을 벗어나 새로운 문화를 형성하기 위해서는 장기적인 관점에서 점진적으로 노력해야 한다. 누군가는 갑이 되고 누군가는 을이 되어야 하는 사회, 사람 위에 사람 있고 사람 밑에 사람 있는 사회는 도대체 언제쯤 끝날 것인가?

어쩌면 이것이 사회통합위원장으로 있던 지난날 나의 근본적인 고민이었는지도 모른다. 우리 사회에 갑질이 존재하는 한 언제나 갈등과 분쟁의 연속일 것이며, 더불어 공존하는 사회의 이상은 아득히 먼 훗날의 일이 될 것이기 때문이다. 그래서 갑질 없는 사회를 꿈꾸며 사회통합으로 가는 길의 문을 열어보고자 한다. 사회통합에 관한 기본 개념부터 찬찬히 살펴보자.

사회통합이란 무엇인가? 사회통합을 한마디로 정의하자면, 격차를 없애고 양극화를 해소함으로써 사회 구성원 모두의 복지를 보장할 수 있는 사회적 역량을 의미한다.

젠슨Jenson이라는 학자가 실시한 연구에서는 기존의 사례를 검토하여 사회통합의 5가지 차원을 정리하였다.

첫째는 '소속감과 고립'으로, 공유 가치와 정체감의 존재 여부다. 둘째는 '포용과 배제'로, 시민의 경제 영역, 즉 시장 참여 기회에 대한 공평성이다. 셋째는 '참여와 불참'으로, 중앙 및 지방 정부 수준에서 사람들의 정치적 참여에 초점을 맞춘 것이다. 넷째는 '인정과 거부'로, 복합 사회에서 차이에 대한 존중과 관용을 다룬다. 끝으로 '정당성과 비정당성'으로, 갈등의 중재자로 작용하는 정치 및 사회 제도의 정당성을 가리킨다.

그렇다면 사회통합은 왜 필요한가? 21세기에 접어들면서 국제 정세는 급변하고 있다. 지난 15년 동안 우리나라는 외환위기와 세계 금융위기 등으로 큰 타격을 받았다. 이러한 충격에 효과적으로 대응하기 위해서는 정치, 경제, 사회 전반에 걸친 개혁이 있어야 했다. 무엇보다 이러한 개혁을 위해서는 사회 구성원의 합의가 전제되어야 했다.

그런데 지난 시기에 이뤄졌던 각종 개혁들의 진행 과정을 살펴보면 구성원의 합의를 바탕으로 하기는커녕 오히려 새로운 사회갈등을 빚어왔다는 것을 알 수 있다. 또한 그로 인해 상당한 사회적 비용마저 발생했다. 그 결과 우리가 가장 먼저 해결해야 할 과제로 사회통합이라는 화두가 대두된 것이다.

한 국가의 사회통합 정도가 약해지는 원인은 매우 복합적이다. 우리나라의 경우를 살펴보면 대략 다음과 같은 원인을 찾아볼 수 있다. 역사적으로 뿌리 깊은 이념 갈등, 지난 15년 동안 빈부 및 지역 간 격차의 급격한 확대, 사회통합에 영향을 미치는 사회경제 문제에 대한 각종 정책의 미미한 효과, 사회 구성원의 공공기관에 대한 불신 등이다.

또 여기에 새로운 사회적 위험이 증가하면서 가치 갈등도 증가하는 추세다. 예를 들면 건강한 삶에 대한 높은 관심, 각종 공공적인 사안을 둘러싼 가치 대립, 결혼 이민자 및 북한이탈주민 등 사회적 소수자의 사회 편입 문제, 인구 고령화에 따른 세대 갈등 문제 등이다.

사회통합에 대한 기존 논의들은 대부분 매우 추상적이었고, 또한 각각의 사회가 가진 특수성 때문에 사회통합에 대한 정의마저 통일되지 못한 채 다양하게 있어 왔다. 다만 최근의 논의 중 공통으로 발견되는 것은 사회 구성원들의 응집력에 대한 강조다.

그러나 이는 모든 사회 구성원이 획일적 가치에 동의해야 하고, 국가나 사회가 제시하는 바대로 행동해야 한다는 전체주의적 사고방식과는 다른 것이다. 오히려 개인의 위험을 사회가 보호하는 대신, 사회에 대한 구속을 강제하던 과거의 체제가 약화된 것에 따른 반작용으로 이러한 주장이 나온 것이다.

사회통합에 대한 논의는 이러한 사회경제적 변화와 맞물려서 살펴보아야 한다. 우리나라 역시 지난 70년의 역사를 통해 사회통합과 관련한 다양한 환경변수가 발생하였다. 지금부터 그 각각의 환경변수에 대해 생각해보도록 하자.

04

세계화의 어두운 그늘

케임브리지 대학교에서 학생들을 가르치는 장하준 교수가 쓴 《사다리 걷어차기》라는 책이 있다. 이 책은 선진국이 후진국을 대하는 잘못된 태도를 적나라하게 보여준다. 그들은 신자유주의라는 슬로건을 무기로, 후진국이 산업을 발전시키고 경쟁력을 갖추기 위해서는 시장을 적극 개방해야 한다고 강요하지만 그것이 얼마나 위선적인 태도인가를 이 책은 잘 말해준다. 간단하게 정리하면, 선진국은 고도성장이라는 지붕 위에 올라간 다음 나머지 국가들이 그 지붕 위로 올라오지 못하도록 자신들이 사용했던 사다리를 걷어차 버린다는 것이다.

이러한 국가 간의 문제뿐만 아니라 우리 사회 어떤 분야에서든 자유롭게 오르내릴 수 있는 사다리가 있어야 격차가 해소되고 갈등을 사전에 방지할 수 있다. 그런데 세계화는 이러한 사다리를 계속 망가뜨리며, 그 여파는 우리 사회에도 그대로 미친다.

'구동존이求同存異'란 말이 있다. 비교적 근래에 자주 사용되는 말인데, 어원이 《서경書經》에 있다는 말도 있고 마오쩌둥毛澤東이 한 강연에서 나왔다는 말도 있다. 구동존이는 중국이 1970년대 이후 개혁개방 정책을 추구할 때 대표적으로 사용했던 구호다. 1970년대 초 미국과 대화에 나섰던 저우언라이周恩來 총리가 상호 다름을 존중하고 의견을 함께하며 협력한다는 의미의 실리추구를 표방한 말이다.

최근 들어 중국은 구동존이를 넘어 '구동화이求同和異'라는 말까지 사용한다. 과거에는 다른 것을 그대로 인정하고 하나를 추구했지만, 이제 상호 이익을 위해서는 다른 것을 화합하여 변화할 수도 있다는 말이다.

우리 역시 서로의 이익과 나라의 발전을 위해 다른 세력들끼리 서로 인정하고, 더 나아가 필요한 경우 서로 화합하여 변화할 수도 있다는 개방적인 자세를 가져야 한다. 이런 구동존이, 구동화이의 실용적인 정신이 있어야 세계화 시대에 살아남고 선진국으로 나아갈 수 있을 것이다. 그런데 지금 한국 사회가 직면한 현실은 어떠한가? 오히려 계층 간의 갈등이 심각해지며 밑바닥부터 균열로 흔들리고 있다.

세계화는 무엇이고 우리에게 어떤 영향을 미쳤는지 다시 한 번 돌아보자. 지난 1980년대 이후 세계경제의 변화를 한마디로 규정하자면 역시 세계화다. 세계화는 단순히 국가 간 재화나 서비스의 양이 늘어난 것을 넘어 지구촌 곳곳 삶의 양식과 사람들의 사고방식을 바꿔놓았다. 자유시장경제체제는 개인이 누리는 삶의 더 많은 영역에서 영향을 미치게 되었고 고용, 소득, 삶의 질은 더 많은 변화에 노출되었다. 한 국가가 갖고 있던 개인을 보호하는 장치들은 점차 약해졌고, 더 많은 개인이 더욱 강화된 경쟁의 한복판으로 던져지게 된 것이다.

이러한 변화를 맞아 대외의존도가 높은 한국 경제는 취약한 민낯을 고스란히 드러냈다. 1997년 외환위기, 2008년 세계 금융위기, 미국과 중국 간의 환율전쟁을 겪으면서 우리 경제가 얼마나 외적인 변화에 민감하게 반응하고 큰 충격을 받는지 똑똑히 알 수 있었다.

특히 'IMF 사태'라고 불리는 외환위기는 경제위기의 여파가 단순히 국민소득 수준이 회복되면서 종료되는 것이 아니라, 노동시장의 변화 등 우리 사회와 개개인의 생활 전반에 근본적인 변화를 불러일으킨다는 것을 알게 했다.

전 세계적으로 진행되는 산업구조의 급격한 변화도 한국 경제를 위협하는 중대 요인이다. 간단하게 살펴보면 금융 부문의 비중이 커지고, IT산업이 급부상하면서 고학력, 고숙련, 고부가가치 창출능력이 있는 개인과 그렇지 않은 개인들 사이의 소득 및 기회의 격차가 확대되는 실정이다.

결론적으로 최근 우리 사회에서 볼 수 있는 다양한 계층 간 갈등의 원인에는 이러한 급격하게 진행되는 세계화가 큰 몫을 차지하며, 여기에 대한 대비책을 준비해야 한다.

귀뚜라미 소통과 지식의 통섭

최재천, 이화여자대학교 석좌교수

대한민국의 국민소득이 2만 달러에 도달한 지 10년이 넘었지만 아직도 2만 달러의 벽을 훌쩍 넘어서지는 못하였다. 전 세계에 우리보다 더 열심히 일하는 국민은 어디에도 없지만, 단지 하청받은 일을 할 뿐 아이폰이나 〈아바타〉 같은 창의적인 상품을 만들어내지 못하니 이런 한계에 도달한 것으로 생각한다.

'통합'이란 섞이지 않는 것들을 물리적으로 섞어놓은 상태를 말하는데, 대학에서 학과들이 학부로 통합되는 것이 실례다. 반면 '융합'이란 수소분자와 산소분자가 만나 물이 되듯 서로 다른 것들이 화학적으로 합쳐져 전혀 새로운 형태가 되는 것을 말한다.

'통섭'이란 융합과는 달리 서로의 형체를 유지하지만, 소통을 통해 새로운 산물을 발생시키는 것으로 인지과학을 예로 들 수 있다. 인지

과학은 인간의 뇌를 연구하기 위해 뇌과학자와 기계공학자, 진화생물학자, 철학자, 심리학자가 모여 함께 연구하다 발생한 학문으로, 인지과학이라는 학문이 태동한 이후에도 심리학이나 철학 등이 건재한 것이 통섭의 성격을 잘 보여주는 실례다.

통섭을 위해서는 반드시 소통이 뒤따라야 한다. 그러나 원천적인 부분까지 소통하는 것이란 불가능한 일이라고 단정 지을 수 있을 정도로 원래 잘 안 되는 것이 정상이며, 특히 이질적인 영역 간 소통은 더욱 그렇다. 하지만 그 필요성이 명백한 소통은 인내심을 갖고 반드시 성취해야 한다. 수컷 귀뚜라미가 암컷을 만나기 위해 밤 새도록 우는 것과 같은 끊임없는 노력 외에는 달리 방법이 없다.

학창 시절에 즐겨 암송했던 로버트 프로스트라는 시인의 〈담을 고치며〉라는 시가 있다. 1914년 발표된 프로스트의 시집 《보스턴의 북쪽》에 수록된 작품인데, 사회 공동체 의식에 관한 주제로 이야기를 들려주듯이 한가로운 전원생활을 여유 있게 묘사한 시다. 가벼운 어투로 인생에 대한 깊은 사색을 담아냈다.

이 시에 "좋은 담이 좋은 이웃을 만든다Good fences make good neighbors"라는 구절이 있다. 담이 아예 없으면 마냥 좋을 것 같지만, 담이 없는 한 집안이라고 오로지 화목한 것도 아니지 않은가. 그래서 담은 꼭 있어야 하지만 요즘처럼 담이 너무 높으면 소통할 수 없다.

우리는 이제 각기 다른 영역 간의 존재를 서로 인정하되 담을 조금 낮추어 서로 소통하고 이를 통해 통섭을 이뤄내야만 할 것이다. 그래야 서로의 장점을 배우면서 새로운 길을 모색할 수 있다. 그와 더불어 귀뚜라미의 소통에서 배웠듯이 무한한 노력을 통해 다른 이를 끌어안으려는 사회적인 분위기를 조성하는 작업도 함께 해나가야 할 것이다.

나는 우리가 반드시 잘해낼 수 있으리라 믿는다. 우리는 비빔밥을 만들어낸 민족이 아닌가? 서로 다른 것을 섞어서 훌륭한 하나를 만드는 데는 우리가 세계 으뜸이니 믿음을 가지고 소통의 길로 나아가보자.

05

예측 불가능한 남북 관계

북한은 세습체제를 하는 일당 독재국가고, 남한은 자유민주주의 국가다. 또 북한은 세계적으로 손꼽히는 최빈국 중 하나며, 남한은 GDP 규모가 세계 10위권을 오가는 경제 대국이다. 휴전 상태인데다 이렇게 정치적·경제적으로 격차가 크다 보니 남한과 북한 사이에는 자연스럽게 갈등이 일어난다.

그래서 연평도 폭격 같은 국지전이 발생하기도 하고, 심지어는 전면전으로 확전될 갈등의 소지도 늘 있다. 대한민국은 이러한 상황을 냉철하게 인식하고 국방을 견실히 다지되, 한편으로는 군사적으로나 경제적으로 불필요한 희생과 소모를 가져다주는 남북 간의 갈등을 해결하기 위해 힘써야 할 것이다.

무엇보다 북한이라는 변수는 남북 관계에 대한 전망이 불확실하다는 점에서 사회통합을 어렵게 만든다. 이를테면 남북이 언제 어떤 방식으로 통일될 것인가 등이 우리 사회의 모든 분야에 영향을 미칠 수밖에 없다.

남북 관계의 내용 변화에 따라 우리 사회의 모습이 크게 변화될 수 있다는 의미에서 우리 사회에서 남북 관계가 갖는 중요성은 더욱 커지고 있다. 지난 20년 동안 남북 관계는 다양한 양상을 보였다. 두 번 치른 정상회담으로 상당한 규모의 인적·물적 교류가 있었고, 동시에 여러 차례 국지적인 교전을 벌이기도 했다. 특히 북한이 핵을 개발하면서 남북한 문제는 동북아뿐 아니라 세계정세에 영향을 미치기도 했다. 다양한 변화를 겪었음에도 여전히 불확실성이 해소되지 않은 상태로 남아 있어 한국 내부에 갈등을 유발하는 주요 원인이 되고, 사회통합의 전망에 어두운 그늘을 드리운다.

다음에 다시 다루겠지만 여기서 주목해야 할 것은 남북 갈등을 해결하기 위해서는 한국 사회가 먼저 사회통합을 이루어야 한다는 점이다. 남·남 갈등이 심각한데 남북 갈등을 우선 해결한다는 생각은 어불성설이다. 남북 관계를 개선하기 위해서는 먼저 한국 사회의 입장이, 국가 공론이 하나로 통일되어야 한다.

남북 갈등이 증폭되어 다시 전면적인 전쟁이 일어난다고 상상해보라. 상상만 해도 끔찍하지 않은가? 요즘 조선과 왜군이 전면전을 벌였던 임진왜란을 다룬 드라마 〈징비록懲毖錄〉이 인기리에 방송중이다. 《징비록》은 조선 선조 때 영의정을 지낸 서애 류성룡이 집필한 임진왜란에 관한 기록이다. '징비'는 《시경詩經》에 나와 있는 '예기징이비역환豫其懲而毖役患'에서 유래한 말로, 과거를 징계하여 미래를 대비한다는 말이다.

《징비록》에 담겨 있는 임진왜란 당시의 생활상을 보면, 전란으로 인해 극도로 피폐해진 백성의 참상이 적나라하게 표현되어 있다.

> 성안에 남아 있는 백성을 보니 백 명에 한 명꼴로도 살아남지 못했고, 살아 있는 사람도 모두 굶주리고, 마르고 병들어 얼굴이 귀신과 같았다. 날씨가 몹시 더웠는데 죽은 사람과 죽은 말이 곳곳에 널려 있어 시체 썩는 냄새가 성안에 가득 찼다.

> 중앙과 지방을 막론하고 굶주림이 만연했고, 명군이 먹을 군량 운반에 동원된 노인과 아이들이 골짜기마다 쓰러졌고, 장정들은 도적이 되어 산으로 들어갔다.

이 모든 것이 소모적인 당쟁으로 공론이 분열되어 국력이 쇠약해진 탓이다. 무능한 지도층들은 전쟁에 대한 대비도 부족했으며, 전투에서도 무능하기 짝이 없었다. 기껏 지도층이 한 일이라고는 왕은 도망가고, 명나라를 불러들여 그들에게 신하처럼 울며불며 기대는 일뿐이었다.

그나마 다행스러운 것은 백성이 투철한 애국심으로 의병을 일으키고, 이순신이라는 불세출의 영웅이 등장해 참혹한 전쟁을 끝낼 수 있었다는 것이다. 무능한 지도층을 징계하여 퇴출하고, 분열된 공론을 하나로 합치지 않으면 언제 또 이런 국가적인 위기를 겪을지 모르리라.

과거의 잘못을 바로잡지 않는 국가에는 미래가 없는 법이다. 신상필벌信賞必罰을 분명히 하고 국가의 공론을 하나로 모아 사회통합을 실천하는 것이 남북 갈등을 해결하고 나아가 국가의 영속적인 안위를 도모할 수 있는 지름길이다.

06

남·남 갈등이 남긴 상처

남북 간의 갈등뿐 아니라 남한에서는 남·남 갈등도 심각하다. 앞서 말한 것처럼 통일에 대한 대비도 남·남 갈등과 깊은 관련이 있다. 남북한은 70년이 가까운 긴 세월을 서로 동떨어진 상태에서 각기 다른 문화를 성장시켜왔으므로 남북이 통합하기 위해서는 적극적인 대비를 해야 한다.

첫째가 한국 사회의 통합이다. 한국 사회가 하나의 입장으로 북한을 대할 수 있을 때, 북한 사회와의 마찰도 최소화할 수 있다. 남북 갈등에서 빚어지는 여파가 걱정스러울수록 남·남 갈등을 해소하는 일이 시급한 것이다.

원래 외부 갈등보다 내부 갈등이 더 위험하고 해결하기도 어렵다. 역사적으로도 내부 갈등으로 인해 나라가 망하거나 위태로워지는 일이 비일비재했다.

김훈의 소설《남한산성》을 읽다 보면 검단산에 진을 친 청나라 군사와 싸우는 일보다 한양을 떠나 남한산성으로 옮긴 조정 내부의 갈등이 더 치열하다. 김상헌과 최명길로 대표되는 척화파와 주화파 사이의 다툼을 비롯해 눈과 비에 젖은 병사들을 먹이고 입히는 일까지 사사건건 부딪치니 말이다.

김훈의 또 다른 소설《칼의 노래》에서도 이러한 상황은 마찬가지다. 온 나라가 왜적에 유린당해 풍전등화의 위기인데도 조정은 동서로 갈리고, 내부 모함으로 이순신 장군을 옥에 가둔다. 한 사람의 힘이라도 보태야 할 절체절명의 위기 속에서 적과 벌이는 싸움보다 내부에서 일어난 갈등이 오히려 더 심각했다. 적과 맞서 싸우는 것보다 각자의 이해가 더 절박했던 것이다.

다른 나라 사정도 이와 크게 다르지 않다. 미국도 세계대전 와중에 육군과 해군의 이해 충돌로 골치를 앓았다. 트루먼 대통령은 제2차 세계대전 이후 국방조직을 정비하는 과정에서 "미 육군과 해군이 서로 다투지 않고 적과 싸우는 데 열중했다면 1·2차 세계대전이 훨씬 일찍 종결되었을 것"이라고 말한 바 있다.

일본의 진주만 기습으로 하와이 미군 기지가 초토화된 뒤 육군과 해군 사이에 빚어진 알력은 전쟁사에도 자주 인용된다. 미국이 제2차 세계대전이 끝나자마자 국방조직 정비에 착수한 것도 이 때문이다. 제2차 세계대전에 참전했던 아이젠하워 대통령이 합참 강화법을 제정하고, 이어서 미국은 1986년에 골드워터-니콜스 법을 완성하였다. 이 법은 미군이 합동성을 제도적으로 발휘할 수 있는 근거를 마련했다는 평가를 받는다. 1990년 걸프전 승리도 이 법에 기인한 바가 크다는 것이 전쟁에 참전했던 미 예비역들의 견해다.

우리도 이러한 내부적 갈등인 남·남 갈등을 해결하기 위해 힘써야 한다. 한국 사회에서 발생하는 가장 주된 남·남 갈등은 이념 갈등이다. 이 갈등은 분단과 전쟁, 그리고 냉전체제가 남긴 상처와 깊은 관련이 있다. 그래서 한국 사회의 이념 갈등은 남북 관계의 불안정성과 남북 관계의 발전 방향을 둘러싼 논란이 투영되어 나타나는 경우가 많지만, 남북 관계를 넘어 사회 전반에 진보와 보수의 대립이라는 좌우 갈등의 양상으로 나타나기도 한다.

말하자면 개인과 사회의 역할 구분, 시장에 대한 국가의 개입 정도와 방식 등에 대해 입장 차이를 보이기도 하고, 기업 정책, 노동 정책, 교육 정책, 복지 정책 등 국가의 주요 어젠다를 설정하는 모든 과정에서 논쟁적인 방식으로 나타난다.

정당 간의 경쟁에서 이러한 이념적 다양성이 충분히 반영되고 조정되지 못할 때, 이념 갈등의 부작용은 고스란히 국민의 몫으로 돌아갈 것이다. 앞으로도 상당 기간 동안 이념 갈등은 제도화된 논의의 장을 넘어 시민사회를 비롯한 사회 전반에서 불특정하게 계속 불거질 수 있다.

물론 근본적으로는 이념이 다른 상대방에 대한 이해 부족이 문제이지만, 더 걱정스러운 것은 이해하려는 노력 자체가 없다는 점이다. 많은 분이 나태주 시인의 〈풀꽃〉이라는 시를 알리라.

"자세히 보아야 예쁘다. 오래 보아야 사랑스럽다. 너도 그렇다."

이 짧은 시구에서도 많은 것을 떠올릴 수 있다. 우리가 다른 사람을 이해하기 위해서는 인내가 필요하다. 자신의 이익을 위해 상대방을 이용하려고만 생각하거나 자기 관점에서 편리할 대로만 상대방을 바라보니 상대방을 포용할 수도 이해할 수도 없다. 그런 관점에서 벗어나야 진정한 소통이 이뤄질 수 있다.

비록 우리가 서로 이념이 다르다 할지라도 앞으로는 내 앞에 있는 사람들을 자세히 오래 보는 습관을 들이자. 상대방을 사랑까지는 못하더라도 이해하고 받아들일 수 있는 마음은 자라날 것이다. 남·남 갈등을 해결하기 위해서는 이렇게 충분한 시간과 노력이 필요하다는 것을 우리 스스로 받아들여야 한다.

07

불평등과 가난이 대물림되는 블루 코리아

불평등과 가난이 대물림되면서 빈부 격차가 확대되는 것도 사회통합이 필요한 주요 배경 중 하나다. 외환위기를 겪은 후 우리 사회의 소득분배 구조는 그 이전과 상당히 달라졌다. 다양한 분배지표들은 1997년 외환위기 이후 빈곤의 확대와 불평등의 심화를 보여준다. 양극화라는 표현은 이러한 변화에 대한 사회적 관심과 우려를 단적으로 보여준다.

분배 상태가 악화된 이면에는 외환위기 이후 우리 사회 안팎에서 벌어지는 다양한 변화가 한몫한다. 대외적인 측면에서는 세계화가 진행되고 개방이 본격화되면서 대외적으로 경쟁력이 취약한 산업의 성과가 낮아졌고, 그 결과 해당 부문에 종사하는 개인들의 소득이 감소했다. 또한 외국인 노동자의 유입은 국내 비숙련 노동자들의 고용 기회를 앗아갔다. 대내적으로는 노동시장의 유연화가 고용 및 소득 불안을 불러왔고 나아가 계층 간 소득 격차를 크게 벌려놓았다.

최근 저소득층의 소득증가율이 고소득층의 소득증가율에 크게 못 미치는 현상이 나타나면서 성장이 분배 문제를 해결할 것이라는 '낙수효과'에 대한 믿음도 사라지는 추세다. 이러한 불신이 계층 간 분배를 둘러싼 갈등으로 나타난다.

지난 15년 동안 우리 사회의 사회안전망 확충 과정을 돌아보면, 제도의 형식적 틀은 갖추었으나 실질적으로 다양한 유형의 사회 취약 계층을 충분히 보호하지는 못했다. 거기에 덧붙여 점점 벌어지는 계층 간 소득 격차는 건강이나 교육 투자의 불평등을 통해 다음 세대의 불평등과 가난으로 대물림될 수도 있다.

따라서 이러한 소득분배의 악화는 한 사회의 구심체로 기능할 중산층을 축소 및 위축시키며, 이는 결국 사회통합의 물질적 기반을 약화시켜 우리 사회의 갈등을 증폭시킬 수도 있다.

경제 양극화로 말미암은 불만이 점점 커지자 지난 18대 대선에서는 '경제민주화'가 주요한 정책적 화두로 떠올랐다. 경제민주화라는 화두가 대선에 등장하여 서로 자기들이 경제민주화를 하겠다고 한 것이다. 물론 다룬 내용은 각자 달랐다. 경제민주화의 근원을 찾아 거슬러 가보면 1987년 제9차로 개정된 헌법 119조 2항과 관련 있다.

119조 1항을 보면 "대한민국의 경제 질서는 개인과 기업의 경제상의 자유와 창의를 존중함을 기본으로 한다"고 나와 있다. 2항에서는 균형 발전, 소득분배 개선, 우월적 지위 남용 등을 방지하기 위해 규제와 조정을 할 수 있다고 되어 있다. 이 조항이 경제민주화의 근원이다.

경제민주화에 대해 각자 생각하는 내용은 조금씩 다르겠지만 그 요지는 우리 사회의 쏠림 현상, 양극화 현상, 대기업 편중 현상을 어느 정도라도 해결하면서 나아가야 한다는 것이다. 급격하게 해결하려고 하면 사회주의가 되니 부작용을 최소화하면서 해결해야 하는데, 이는 곧 우리 사회 구성원 전체의 소통이 선행되어야 함을 의미한다고 볼 수 있다.

'중심성성衆心成城'이라는 말이 있다. 《국어國語》 〈주어周語〉 하편에 나오는, "중심성성 중구삭금衆心成城 衆口鑠金"이라는 문구에서 유래한 것이다.

춘추시대 말기에 주나라 경왕이 거대한 종을 제작하려고 했다. 단목공과 주구라는 악사樂師는 그 종이 조화로운 소리를 내지 못할 뿐 아니라 백성을 어렵게 만든다는 이유로 반대했다. 종이 만들어지고 나자 악공들은 저마다 경왕에게 종소리가 조화롭고 듣기 좋다고 아첨했다. 경왕은 주구를 불러 종소리가 듣기 좋으니 그대가 너무 염려한 것이라고 하였다.

그러자 주구는 "백성을 힘들게 하고 백성들의 재산을 축나게 하여 모두 왕에 대해 원망하는 마음을 품었으니 어찌 조화롭다 하겠습니까? 백성이 찬성하는 일은 성공하지 못하는 경우가 드물고, 백성이 싫어하는 일은 실패하지 않는 경우가 매우 드문 법입니다. 항간에 여러 사람의 마음이 하나로 뭉치면 성을 이루고 여러 사람의 입에 오르내리면 쇠도 녹인다는 말도 이러한 이치 때문입니다."

그러나 경왕은 주구의 말을 듣지 않았다. 다음 해 경왕이 죽고 나자 종소리가 듣기 좋다고 말하는 사람은 아무도 없었다고 한다.

우리도 중심성성의 지혜를 곰곰이 생각해야 한다.

지도자는 아첨하는 자를 멀리하고 가난하고 당장 생계가 어려운 백성이 내는 원성, 백성의 소리에 귀를 기울이지 않으면 얼마 지나지 않아 죽음에 이르거나 그 자리에서 퇴출당할 것이다.

여러 사람의 마음이 뭉치면 성을 이루는 것처럼 못할 일이 없다. 동시대를 사는 한국 사회의 사람들이 소통을 통해 마음을 모아 자신보다 낮은 계층의 사람들을 끌어올려야 한다. 그렇게 하면 우리나라는 지금보다 훨씬 더 강력한 힘을 발휘하고 선진국에 진입할 수 있을 것이다. 2008년에 독자들에게 큰 사랑을 받았던 전우익 작가의 《혼자만 잘 살믄 무슨 재민겨》라는 책도 있지 않은가? 통합의 정신으로 더불어 사는 지혜를 널리 퍼뜨리는 것이야말로 우리 모두가 살아남는 길이다.

08

다시 한 번, 다이내믹 코리아를 꿈꾸다

우리나라는 산업화와 민주화를 동시에 성공한 나라로 세간의 주목을 받았고, 여러 개발도상국의 발전 모델로 칭송받았다. 하지만 경제적인 면에서 이룬 압축 성장과 단기간에 이뤄낸 민주화가 잠재된 다양한 욕망을 활화산처럼 분출시키면서 사회 전반에 끊임없는 갈등의 요인으로 작용하고 있다.

어느 사회든 구성원들이 추구하는 다양한 가치와 목표가 있기 마련이다. 우리나라 역시 마찬가지다. 1960년대 이후 우리 사회는 먼저 산업화를 통한 경제 발전, 빈곤의 탈출에 사회적 역량이 집중되었다. 개발독재로 억압된 자유와 권리를 복원하려는 민주화의 열망 또한 강력하였다. 민주주의 구현을 위한 제도적 틀이 갖추어진 1990년대 이후부터는 사회 구성원들의 목소리가 더욱 다양해졌고, 이전에 볼 수 없었던 복잡한 갈등 양상이 사회 곳곳에서 드러나기 시작했다.

그 결과 인권, 환경, 성 평등, 지역, 소수자 보호 등 다양한 가치와 이와 관련 있는 주장들이 사람들의 관심을 끌었고, 그동안 무시되어 왔던 이러한 문제들에 관심을 두어야 한다는 목소리가 드높아졌다. 다양한 가치가 춘추전국시대만큼이나 혼란스럽게 돌출되면서 우리 사회의 갈등이 고조되는 것이다.

이러한 목소리들 중에는 다행히 어렵지 않게 절충점을 찾고 조화시킬 수 있는 문제도 있지만, 상당 기간 충돌과 마찰을 일으키는 논쟁적인 이슈들도 많다. 이러한 환경 변화는 우리 사회가 복잡다단해지면서 발생하는 문제들로, 여기에서 발생하는 갈등을 조정하고 관리할 수 있는 적절한 방법을 찾아야 한다는 숙제도 함께 던져주고 있다.

현대 한국 사회에 다양한 가치가 우후죽순처럼 통제 불가능할 정도로 여기저기서 튀어나와 갈등을 일으키는 것은 전례 없이 다양한 세대가 동시대에 공존하기 때문이기도 하다.

현재 한국을 구성하는 세대는 크게 5가지 정도로 나눠볼 수 있다. 첫째, 농업 세대다. 이들은 일제강점기와 해방을 겪었고, 한국전쟁을 치렀던 세대다. 농업 세대의 특징은 청소년기에 일제강점기와 한국전쟁을 경험했다는 것이다. 국가재건 임무에 매진했으며, 전쟁이 남긴 아픈 상처만큼이나 냉전의 이데올로기에 집착하는 경향을 보인다.

둘째, 산업화 세대다. 이들은 1960년대 경제개발계획을 실천한 세대다. 전후복구, 원조경제 및 경제개발계획을 경험한 세대로 사회적 단결과 공동체 의식에 대한 신념이 강하다.

셋째, 민주화 세대다. 이들은 1980년의 5·18 광주민주화운동과 1987년 6·10항쟁, 6·29선언을 경험한 세대다. 민주화 세대는 민주화 및 대규모 사회운동의 물결을 경험했기 때문에 정치적 자유와 권리를 표출하는 데 민감하고 적극적이다.

넷째, 정보화 세대다. 이들은 1990년대 이후 IT기기 보급이 확산되면서 정보통신혁명의 물결을 온몸으로 경험했다. 또 외환위기로 고통을 겪었으며 동시에 한·일 월드컵을 통해 국가적 자부심을 키운 세대이기도 하다. 정보화 세대는 다원주의적인 가치를 내면화했고, 물질적 안정과 풍요 속에서 성장했다. 세계화의 물결 속에서 급격한 사회변동을 경험한 세대이기도 하다.

다섯째, 모바일 세대다. 이들은 2000년대 후반 스마트폰이 보급되면서 SNS, 트위터 등 온라인을 통한 네트워크에 익숙한 세대다. 모바일 세대는 모바일로 생활 문화를 즐기며, 모바일 기기를 친구이자 생활 필수품으로 여기는 특성이 있다. 이러한 차이가 세대 간 갈등의 원인이 되고 있음은 자명한 일이다.

지금까지 사회통합의 개념과 사회통합을 해야만 하는 이유, 세계화, 남북 관계, 이념, 양극화, 가치, 세대 등 사회통합의 다양한 환경적인 요인들에 대해 살펴보았다.

우리는 모두 시간상으로는 각자가 겪었던 개인적인 역사의 경험이 다르고, 공간적으로는 개인의 이질적인 경험의 차이만큼이나 동시대를 살면서도 서로 다른 문화에서 살아간다. 각자 속한 이익집단도 다르다. 그러다 보니 서로 이해하는 폭이 좁아 갈등의 소지가 클 수밖에 없다. 하지만 조금 더 깊이 생각해보면, 이렇게 다양한 집단이 하나의 목소리를 낸다면 얼마나 큰 힘을 만들 수 있을까?

'해불양수海不讓水'라는 말이 있다. 글자를 그대로 풀이하면 '바다는 물을 사양하지 않는다'는 말이니, 이상하게 들릴 수도 있을 것이다. 이 말은 바다는 어떤 물이라도 거부하지 않는다는 뜻으로, 아무리 더러운 물이라도 다 포용하여 큰 대양을 이룬다는 의미다.

그 어원을 따져보면 관포지교管鮑之交로 유명한 관중에 관한 이야기를 담은 《관자管子》〈형세해形勢解〉에 등장하는 말과 진시황을 도와 중국을 통일한 이사의 〈간축객서諫逐客書〉에 있는 글을 합친 것이다.

《관자》에서는 "해불사수 고능성기대海不辭水 故能成其大"라고 하였으니 바다는 물을 사양하지 않아 그 거대함을 이룰 수 있었다고 하였고, 〈간축객서〉에서는 "태산불양토양 고능성기대泰山不讓土壤 故能成其大"라고 하였으니 큰 산은 어떠한 흙도 거부하지 않았기에 그 거대함을 이룰 수 있었다는 것이다.

잠시 이사와 관련 있는 고사를 살펴보자. 이사는 본래 초나라 출신으로 진나라에 와서 재상이 되었다. 그런데 진나라 조정에 외국 출신 인물들이 너무 많다는 이야기가 나와 결국 외국인들을 내쫓기로 결정을 내렸다. 그때 이사가 상소문(〈간축객서〉)을 올려 태산은 한 줌의 흙도 버리지 않고, 황하는 작은 물줄기도 거부하지 않는다고 한 것이다.

이에 감명받은 진시황은 외국인 배척법을 포기하였다. 결국 이사는 벼슬을 유지할 수 있었고 진시황은 천하를 통일할 수 있었다.

이렇게 해서 '해불양수'라는 말이 나왔는데, 사람도 마찬가지다. 큰 사람이 되기 위해서는 이런 사람 저런 사람 가릴 것 없이 다 포용할 수 있어야 대양이나 태산과 같은 큰 인물이 될 수 있다. 물론 그러한 포용이 소통의 중요한 근본 체력이 되는 것은 두말할 나위 없다. 우리나라가 더욱 크고 튼튼한 나라가 되기 위해서는 이 해불양수의 정신으로 각기 다른 가치를 가진 사람들을 포용하려는 노력을 기울여야 한다.

'다이내믹 코리아'라는 말도 있지 않은가? 외국에서 볼 때 한국만큼 역동적인 나라도 없다. 우리는 이 개성적인 가치와 세대들을 모아서 하나의 역동적인 힘으로 엮어낼 수 있는 방법을 고민해야 한다. 다이내믹 코리아의 완성은 소통과 통합으로써 가능하다는 말이다.

인문학에서 배우는 소통의 길

도정일, 경희대학교 후마니타스칼리지 대학장

지금은 시장사회의 시대다. 시장사회를 시장경제와 오해하면 큰일이다. 우리는 시장경제체제를 떠나기 어려운 시대에 살고 있다. 그렇다고 시장사회에서 살아야 하는 것은 아니다. 시장의 가치, 시장의 원리, 시장의 운영 방식을 사회 전체에 확산시켜서 사회를 시장화할 때가 바로 시장사회다. 지금 우리는 좋든 싫든 이러한 시장사회에 빨려 들어가는 중이다. 이 시장사회에서는 가치와 가격이 구분되지 않고 모든 것은 시장 가치 혹은 시장 가격표로 값이 매겨진다. 팔 수 없는 것은 가치가 없다. 이것은 가격과 가치의 충돌이고, 팔 수 없는 것, 팔면 안 되는 것이 없어져버리는 세상을 의미한다.

마이클 샌델은 "우리가 지금 시장사회로 들어가고, 시장사회는 모든 것을 팔기 위해 내놓는다. 그러나 그 사회는 인간이 살 수 있는 사회는 아니다"라고 했다. 그렇게 말한 이유는 첫째로 불평등이 심해질 것이고, 둘째로 도덕적 타락이 발생할 것이기 때문이다. 끝으로 시장에서 팔 수 없는, 인간이 포기할 수 없는 중요한 가치들이 있기 때문이다. 예를 들면 사랑, 친절함, 생명 등이 그러한 것이다. 이 가치들이 팔 수 없다는 이유로 값어치 없는 것으로 치부되는 사회에서 과연 소통이 가능하겠는가?

그래서 우리는 사회적 조건 말고도 오늘날 사회에서 겪고 있는 문화적 조건에도 심대한 영향을 받는 편이다. 때때로 우리는 이를 '이념의 충돌'이라고 말하지만, 엄밀히 들여다보면 가치를 지키려고 하는 사람들과 가격을 우선시하려고 하는 사람들 간의 충돌인 경우가 대다수다. 목적과 수단이 뒤바뀌어버린 것이다.

2300년 전 아리스토텔레스는 수단적인 가치와 목적적인 가치를 구별하여 수단과 목적이 뒤바뀌지 않도록 해야 한다고 말했다. 칸트는 인간을 수단으로 대하지 말고 목적으로 대하라고 했다.

인문학은 수단과 목적이 구별되고 중요한 가치가 살아 있는 사회를 만들기 위해 사람들 사이에 관계를 만드는 학문이라고 할 수 있다. 사회를 만들고 공동체를 만들어 산다는 것은 관계를 맺고 사는 것이다. 어떤 관계를 만드는가에 따라서 그 공동체가 좋은 공동체일 수도 있고 나쁜 공동체일 수도 있다. 어떻게 내가 타인과 관계를 맺어야 하는지 몇천 년 전부터 궁금해했고, 끊임없이 그 물음을 던져왔다.

인간은 선행의 가능성과 악행의 가능성을 동시에 가지고 있다. 우리가 우리 자신을 향해 늘 두 가지 질문을 기억하고 그 두 가지 질문에 응답하려는 자세를 취할 때 비로소 우리는 인문학의 지혜를 말할 수 있다.

"인간을 인간이게 하는 것은 무엇인가?", "공동체는 어떠한 때에 가능한가?"라는 질문에 공자는 '인仁'이라고 했고, 예수는 '사랑'이라고 했다. 석가모니는 '자비'라고 했으며 아리스토텔레스는 '인간의 사회성'이라고 했다.

인간이 가진 가장 탁월한 능력이 사회성이라고 하는 아리스토텔레스의 관점은 21세기 지금 에드워드 윌슨이 인간의 사회적 능력을 집어내 인간을 위대한 동물이라고 말하는 것과 유사하다. 우리의 공존과 공생을 가능하게 하는 것은 무엇이며, 어떠한 때에 그러한 사회를 만들 수 있는지 그 질문에 응답하고자 할 때 올바른 소통을 위한 인문학과 만나게 될 것이다.

2장

사회통합을 위해 넘어야 할 7가지 과제

01

세대 갈등, 자녀의 미래가 흔들린다

세대 간의 갈등은 한국 사회에서 점진적으로 증대되어 왔다. 그러다 불과 십여 년 사이에 세대 갈등이 폭발적으로 늘어난 것으로 보인다. 가장 근본적인 이유를 생각해보면 아무래도 고령화 시대로 접어든 탓이다. 예로부터 고래희古來稀라는 말이 있었다. 보기 드물 정도로 오래 살았다는 것이다. 당나라의 시성 두보가 지은 〈곡강〉이라는 시의 한 구절로, "인생칠십고래희人生七十古來稀"라는 말에서 유래된 것이다. 사람이 일흔 살을 살기는 예로부터 드물다는 뜻이다.

필자 역시 70세를 훌쩍 넘겼으며, 이제 70세가 넘은 사람을 보는 것은 드문 일이 아니다. 오히려 현 정권의 주요한 수반들을 비롯해 일흔이 넘어서도 왕성한 활동을 벌이는 사람들을 자주 볼 수 있다. 두보가 이 시대에 다시 태어나 시를 쓴다면 "인생백세고래희" 정도로 고쳐 쓰지 않을까 싶다.

이처럼 평균수명이 연장되고 노년층이 많아지다 보니 사회적으로 복지 부담이 증대되고, 이는 자연스럽게 젊은 세대들에게 부담이 되었다. 또 한편으로는 오랫동안 은퇴를 하지 않고 현역에서 활동하는 사람이 많아지면서 젊은이들의 취업난이 가중되었다. 본래 자본주의가 발전되고 산업화가 진행되면 인력의 수요가 줄어들고 취업이 어려워지는데, 고령화 사회가 여기에 한몫 더 얹어 젊은이들을 어렵게 만든 것이다.

노인들은 노인들대로 고령화 사회를 맞아 세대 간의 격차가 커지면서, 지나온 역사적 경험이 판이한 젊은이들이 산업화 시대의 역군인 자신들의 공로를 인정하지 않은 채 뒷방 늙은이로 취급하는 것이 못마땅하다.

1960년대에서 1980년대에 이르기까지의 압축 성장의 주인공들은 아직도 건재하며, 지금의 대한민국을 만들었다는 것에 대한 자부심을 가지고 있다. 1960년대는 유럽과 독일, 1970년대는 베트남, 1970년대 중후반에서 1980년대에 이어지는 기간에는 열사의 사막에서 피땀을 흘리며 최빈국이었던 대한민국을 국민소득 2만 달러가 넘는 먹고살 만한 나라로 만든 것이다.

이런 엄연한 사실에도 한때 전 국민을 통합해야 할 의무를 진 대통령 후보라는 사람이 나이 든 사람들은 투표소에 나오지 않아도 된다는 식으로 망발했으니 늙는 것도 서러운데 극심한 소외감을 느끼며 젊은 세대에 대한 반발심이 일어나고 갈등이 생겨나게 되는 것이다.

이러한 세대 간의 경제적·정서적 격차는 자연스럽게 정치적 성향으로 이어지기도 하고, 보수와 진보로 이념화되면서 각종 미디어나 웹과 같은 공론의 장에서 사사건건 부딪치며 마찰을 일으킨다. 어쩌면 이러한 시대적 상황에서 세대 간의 갈등이 발생하는 것은 하나의 자연스러운 현상으로 받아들여야 할 것이다.

세대 간의 갈등에 대해 현미경의 눈으로 깊이 들여다보자. 사회통합위원회에서 위원장으로 재직하던 시절 살펴본 세대 간의 갈등은 크게 네 가지 부문에서 파악되었다.

첫째, 문화적인 부문이다. 문화 부문에서 세대 간의 차이를 조사한 결과, 젊은 층일수록 개인의 능력을 중시하고 탈권위적인 모습을 보였다. 젊은 세대는 기성세대가 폐쇄적이고 고집이 세고 사회 변화에 따르지 못한다는 고정관념을 가지고 있는 것으로 조사되었다. 반면 기성세대는 젊은 세대의 사회적 무관심을 질타하는 경향이 있었다.

둘째, 가족 관련 부문이다. 가족 부문에 대한 세대 간의 차이를 조사한 결과, 젊은 층일수록 가족에 대한 희생 의지, 자립 의지가 약하고 가족 내 성 역할 분담에 대해서도 부정적인 반응을 보였다. 이 때문에 기성세대와 갈등을 겪을 확률이 높아 보였다.

셋째, 경제적인 면이다. 청년들은 교육 기회에 대한 인식이 소득 기회에 대한 인식으로 이어지지 않는다고 보았다. 또한, 취업이 좌절되는 이유는 윗세대가 자원과 기회를 점유한 데 있다고 인식하였다. 반면 기성세대는 여전히 교육만이 청년들의 경제적 문제를 해결할 수 있을 것으로 보았고, 정년을 연장하여 일하고 싶다는 욕망도 강했다.

끝으로 정치 부문이다. 젊은 세대는 정치에 대한 불만과 무관심이 팽배했지만 한편으로는 정치적 의견 표현에 대해서는 자연스럽게 받아들였다. 반면 기성세대는 젊은 층의 정치적 무관심에 대한 의견과 이율배반적인 행태로, 정치와 사회에 대한 불만을 적극 표출하는 것에 대해 부정적인 반응을 보였다.

이렇게 기성세대와 젊은 세대가 다양한 분야에서 서로 관점과 입장이 다르기에 세대 간의 갈등은 피하기 어려워 보인다. 따라서 이러한 갈등을 해결하기 위해 몇몇 정책적인 대안을 마련해보았다. 당시의 연구 결과 중 주요한 몇 가지를 돌이켜보면 이렇다. 크게 일자리, 문화, 사회안전망 등으로 나눌 수 있다.

먼저, 일자리 부분에 대한 대안은 다음과 같다. 일자리에 대한 새로운 역할 분담이 필요하다. 경제성장의 둔화로 청년층의 일자리는 늘지 않는데 노년층은 자신의 일자리를 놓지 않고 은퇴를 미루는 실정이다. 따라서 노년층에게 정년은 연장하되 새로운 역할을 부여하고, 보수를 줄여서 젊은 층에 나눠주는 사회적 분위기를 조성해야 한다.

또한, 산업구조를 전통산업에서 지식산업으로 전환하려는 노력도 필요하다. 청년 세대에게 꿈과 비전을 심어주기 위해서는 혁신적인 지식경제와 전통산업이 선순환하는 구조를 만들어야 한다.

다음으로 문화와 관련해서는 세대 간 소통 강화를 위한 다양한 사회적 프로그램을 확산하는 것이 좋다. 앞서 살펴본 것처럼 젊은 세대와 기성세대 간의 입장이나 근본적인 태도의 격차가 심하므로 이를 해결하기 위해서는 문화 예술, 체육 등을 매개로 한 세대 간 대화의 장을 넓혀가는 정책을 마련해야 한다.

마지막으로 사회안전망에 대해서는 전반적인 복지 시스템의 확충을 통해 젊은 층이 노부모를 부양하는 부담을 줄여주는 것이 세대 간의 갈등을 해결하는 데 많은 도움이 될 것이다. 또 세대 간 갈등을 해결하기 위해서는 주택이 투기의 대상이 되지 않도록 누진세를 강화하고 젊은 세대와 저소득층을 위한 임대주택 등 공공분야의 주택 공급을 확대해야 한다.

필자 역시 지난날 가정에서 세대 간 소통의 어려움을 겪은 적이 있다. 우리의 어린 시절에는 세대 간 소통이라는 개념조차 희미했었다. 그 시절은 한마디로 먹고사는 문제만으로도 충분히 어려웠던 때라 아이들의 권리는 무시되기 일쑤였고, 부모님을 비롯한 어른들의 입김이 일방적으로 통하던 시기였다. 우스갯말로 어른은 독을 깨도 괜찮고, 아이들은 사발만 깨도 혼난다는 말이 통하던 시대였다.

특히 아버지의 권위는 절대적이었다. 나 역시 그러한 시대에 어린 시절을 보낸 탓에 결혼 초기에 아이들을 기를 때는 상당히 권위적인 면이 있었으리라고 생각된다.

그 시절을 돌이켜보면 생각나는 것이 하나 있다. 1980년대 중반이었을 것이다. 아들이 중학교에 다닐 때였는데 당시 컴퓨터가 유행이었다. 그래서 PC를 사주면서 열심히 공부하라고 독려했다. 그런데 아들이 컴퓨터에 그다지 흥미를 느끼지 못했는지 생각했던 만큼 열심이지 않았고, 하루는 정해준 과제를 하지 않았기에 혼을 냈다. 무릎을 꿇고 반성하는 시간을 가지라고 했다.

그런데 아내가 아래층에 있다가 위층에 있는 아이 방에 올라가서 아들이 무릎을 꿇은 모습을 보고 1층으로 내려와 내게 정색을 하며 의견을 이야기했다. 아이가 공부를 안 하는 것에 대해 혼을 낼 수는 있지만 인간적인 모욕감을 줘서는 안 된다는 것이 요지였다. 그렇게 굴욕감을 맛본 아이가 어떻게 자긍심을 갖고 학교생활이나 사회생활을 하겠느냐는 말에 수긍하지 않을 수 없었다. 그래서 아이를 일어서게 하고, 사과하며 아들과 화해의 시간을 가졌다.

사소하게 넘길 수도 있는 일이지만 그 사건이 나에게 남긴 효과는 상당했다. 그 일을 계기로 내가 자식과의 소통은 물론, 아내와의 소통도 제대로 하지 못하고 있다는 자성을 하게 됐다. 자식의 마음을 읽는 것도 부족했고, 아내의 교육철학에 대해서도 그때까지 제대로 몰랐던 것이다.

아들에게 네가 무조건 잘못했으니 무릎을 꿇으라고 한 것은 지금 생각해봐도 부끄럽고 일방적이며 폭력적인 행위였다. 화가 나면 무조건 소리 지르고 자기 생각만 강요하는 가장은 가족을 이끄는 진정한 가장이 아니라 독재자의 축소판에 불과하다.

집안에서 가족들의 마음도 못 읽고 제대로 소통을 못하는 사람이 누구와 소통을 제대로 하겠는가? 그가 사회에서 좋은 사람으로 평가받는다면 그의 커뮤니케이션 방식은 소통이 아니라 가식적인 사회생활일 뿐이다. 그 일을 계기로 나는 사람의 마음을 읽고 진정한 소통을 하는 데 더욱 힘을 쏟게 되었다.

나이가 들수록 느끼는 것이지만, 세대 갈등을 해결하고 소통을 하기 위한 가장 근본 해결책은 상대방을 인정하는 것이다. 상대방의 말과 존재 자체를 인정해주는 것이다. 토론으로 상대방을 이기려고만 하면 논리적으로 승패가 결정되더라도 실제로는 문제가 해결되지 않는 일이 허다하다. 패배한 쪽에서는 굴욕감을 느끼고, 분한 생각이 들어서 겉으로는 패배를 인정하더라도 심리적·내면적으로 마음 깊이 상대방을 받아들이지 못하기 때문이다.

따라서 상대방이 내 생각과 다르더라도, 심지어 객관적으로 틀렸더라도 일단은 상대방을 인정해주는 것이 중요하다. 그러면 시간이 흐르면서 상대방이 자연스럽게 자기 잘못을 스스로 인정하는 경우가 많다. 자신의 잘못을 끝내 모른다고 하더라도 일단 인정을 해야 그때부터 대화의 물꼬를 틀 수가 있다.

물론 말처럼 쉬운 일은 아니다. 누가 봐도 뻔히 잘못된 것을 우기는 상대방을 보면 화부터 치밀어 오르는 것을 피하기 어렵다. 그렇다고 절대 감정 내키는 대로 해서는 안 된다. 한번 의사소통이 어긋나기 시작하면 처음 시위를 당길 때 과녁을 벗어난 화살처럼 다시 바로잡기가 상당히 어렵다. 따라서 인내심을 갖고 일관된 태도로 상대방을 인정하고 존중해야 하니, 소통에는 상당한 인격적인 훈련이 필요하다.

다시 말해 소통은 상대방이 어떤 생각을 하고, 어떤 행태를 보이더라도 일단 인정을 하는 데서 출발한다. 그것이 사람에 대한 예의고 존중이다. 자기 자신이 틀릴 수 있다는 가정, 일단 상대방을 존중하는 것, 여기서부터 민주적인 의사결정이 가능하고 이것이 세대 간 소통의 출발점이 되는 것이다.

02

계층 갈등, 성숙한 사회의 걸림돌

최근에는 세대 갈등과 계층 갈등이 함께 어우러져서 진행되는 경향이 보인다. 성균관대학교 이숙종 교수는 최근 한 심포지엄에서 "젊은이들은 상당수가 비정규직으로 30대 중반까지도 경제적 어려움을 겪고, 막 은퇴를 했거나 앞둔 연령층도 앞선 세대의 퇴직자들만큼 물질적 안정을 확보하지 못하였다"라고 했다. 또한 "계층 갈등과 세대 갈등이 커지는 상황에서 이들을 통해 계층과 세대의 두 갈등이 융합될 수 있기 때문에 앞으로 우리 사회가 직면한 가장 심각한 갈등 요소가 될 것"이라고 했다.

이처럼 계층 갈등과 세대 갈등이 융합하여 잠재되어 있다가 일시에 폭발한다면 우리 사회에 큰 위기를 가져올 수 있다. 이들의 불만을 담아낼 수 있는 제도적 장치를 조속히 마련해야 하고, 갈등을 해결할 방안을 찾는 논의들을 지속해나가야 한다.

주지하다시피 IMF 이후로 대한민국 사회의 양극화가 상당히 심해졌다. 사회안전망이 무너지고 범죄가 늘어나서 사회가 불안해졌다.

세계적으로도 현재 잘사는 나라와 못사는 나라가 너무 극명하게 구분된다. 아프리카, 남미 등은 지독한 빈곤에 허덕이며 인간답지 못한 삶을 살아가고 있고, 문화생활 또한 누리지 못하고 있다.

천재天災라고 할 수 있는 에볼라 사태 등은 빈곤한 나라에 더욱 큰 타격을 입힌다. 미국이나 유럽 등 선진국은 이러한 전염병이 자국에서 발병하게 되면, 즉각적으로 첨단 의료기술을 바탕으로 신약을 개발하는 등 신속한 대응을 하지만, 가난한 국가에서 이런 문제가 생겼을 때는 그저 팔짱을 낀 채 사태의 추이만을 지켜보기 때문에 문제는 더욱 커지게 된다. 빈곤한 나라는 이렇게 국제적 무관심과 가난으로 국민 전체가 고통을 받으며 죽어나가는 것이다.

이러한 갈등을 해결하기 위해서는 먼저 가진 사람들의 각성이 필요하다. 국가적으로는 남의 집 불구경하듯 하지 말고, 더불어 사는 방법을 찾아야 한다. 결국, 에볼라 사태도 미국과 유럽으로 전파되어 자국민이 고통받고 전 세계가 위험에 떨지 않았는가? 국가적으로나 국내적으로나 과감하게 가진 자들이 의무를 수행해야 한다.

한 국가 차원에서는 기부 문화와 노블레스 오블리주 문화가 확산되어야 한다. 부유층들이 과감하게 자신의 부를 사회에 환원할 수 있어야 한다. 이것이 현재로서는 계층 간의 갈등을 해결할 수 있는 가장 강력하고 근본적인 대책이라고 할 수 있다.

사회통합위원회에서도 이러한 계층 간의 갈등과 양극화를 해결하기 위해 구체적인 부문에서 다양한 노력을 기울였다. 그러한 노력들 중 일부를 소개하면 이렇다.

2012년 3월부터 6월까지 우리 사회의 대표적인 사각지대를 대상으로 현장방문을 실시했다. 사회통합위원회 위원장과 계층분과위원회 위원으로 구성된 현장방문팀이 퀵서비스 업체, 영등포 쪽방촌, 공부방 및 남부 새벽 인력시장을 직접 방문하여 현장의 생생한 목소리를 경청했다.

현장방문 결과 수렴된 의견을 토대로 계층분과위원회 산하 소위원회(양극화 대책팀)를 구성하였고, 퀵서비스 근로자 보호 방안, 새벽 인력시장 일용근로자 지원 방안, 극빈층 주거안정 방안, 학생 근로자 지원 방안 등 4개 과제에 대한 각각의 지원 방안을 모색하였다. 소위원회에서는 각 분야 전문가들을 초빙하여 합동 토론을 하는 등 11차례 위원회를 개최하여 논의를 진행했다.

양극화 해소를 위해 진행된 4개 과제에 대한 구체적인 연구와 논의를 살펴보면 다음과 같다.

첫째, 극빈층 주거안정 방안이다. 서울의 경우 쪽방은 서울역, 영등포역, 종로 3가, 동대문 인근 도심 지역 5개소에 밀집된 상태다. 이들 지역의 공통점은 교통이 편리하고 대규모 재래시장이나 일용직 인력시장, 직업소개소 등에 접근하기 쉬운 곳이라는 점이다. 지방 도시들도

입지 여건들은 비슷하나 인천과 대전을 제외하고는 지역의 각 부분에 넓게 흩어져 있었다.

쪽방촌 도시계획의 특징은 대부분 건축법이 제정된 1962년 이전부터 자연적으로 발생했거나 그 당시 토지구획정리 또는 사설도로 정리로 형성된 지역이다. 일반적으로는 4~10평 정도 필지筆地 위에 형성된 목조나 연와조(불에 구운 벽돌로 축조한 구조) 2층 건물이거나 그보다 큰 필지에 지은 3~5층 콘크리트 건물도 있다. 기와 구조로 지은 여인숙 건물도 쪽방으로 이용된다. 대부분 불법 건축물이라고 하나 정확하게 확인된 바 없으며, 일부 건물에 대해서는 과태료나 강제 이행금이 부과된 것으로 나타났다.

이 쪽방촌 문제를 해결하기 위해 전문가들과 연계하여 연구한 결과, 다음과 같은 정책을 제안하였다. 먼저 공공개입을 강화하는 것이다. 지역에서 일어나는 주거 불안정 문제는 어디까지나 광역 및 지방정부의 몫이므로 주거복지 개입에서는 서구의 제도를 참고하여 자치단체가 주관하는 것이 적절하다. 크게 제도적 접근과 물리적 접근으로 나눠볼 수 있다. 제도적 접근은 도시계획과 개발 정상화를 도모하고 사각지대 양성화를 도모하며 양성화를 위한 건축 기준을 마련하는 것이다. 물리적 접근은 쪽방을 매입하거나 전대轉貸(빌린 후 재차 빌려줌)하며, 쪽방촌 주거환경 개선사업을 확대하는 것이다.

다음으로 시장 기제를 활성화하는 것이다. 활성화 방안으로는 주택관리 전문 회사 위탁관리제도를 도입하거나, 도시의 주거지역이 이익

공동체로 변하거나 공급자들의 담합 등으로 발생한 부정적인 호가 시장으로부터 수요, 공급의 가격 메커니즘이 공개적으로 작동되도록 투명한 환경을 조성하는 것이다.

끝으로 주거복지 체계 개선 방안이 있다. 주택법에 근거한 가족 개념의 최저주거기준을 이원화하여 1인 가구의 최저주거기준을 마련하여 제시해야 한다. 또한 현재의 쪽방 상담소를 확대 개편한 주거복지센터를 주거 취약 계층 밀집 지역에 우선 설치하여 주거복지센터를 통해 거주자 특성별 사례 관리와 자활 프로그램 및 적극적인 의료 서비스 제공과 연계하는 작업을 해야 한다.

둘째, 새벽 인력시장 일용근로자 지원 방안이다.

일용근로자 규모는 2012년 9월 기준 161만 명 수준으로 전체 취업자 2500만 명의 6.4% 수준으로 작지 않은 규모다. 그런데 통계청 공식 발표와는 별도로 일용근로자 중 가장 많은 비중을 차지하는 건설 일용근로자를 대상으로 한 건설근로자공제회 데이터베이스에 따르면 해당 분야 일용근로자 규모는 약 200만 명 수준이다. 여기에 개인 서비스 업종에 종사하는 일용근로자까지 고려하면 최대 일용근로자 규모는 200만에서 250만 명까지 추정할 수 있다.

일용근로자 중 새벽 길거리 인력시장을 이용하는 근로자는 주로 소규모 건설공장에서 일하는 일용근로자다. 새벽 인력시장 이용 일용근로자는 구체적으로 '십장'이라 불리는 팀장을 통해 특정 새벽 길거리 인력시장에 집합하여 일자리로 이동하는 형태다. 대부분 5~10명 단위로 승합차를 이용하여 현장에 도착하고 일이 끝난 후에는 대개 새벽에 모였던 곳에 하차하는 구조다. 그 밖에도 비닐하우스 농산물 재배 인력 같은 일부 비건설 일용근로자도 새벽 길거리 인력시장을 이용하고 있다.

일용근로자들의 경제적 부담을 완화해주기 위한 방안은 없을까? 먼저, 현재 근로자가 부담하는 일자리 소개비를 구인회사가 부담하도록 하는 방안을 들 수 있다. 이는 실질적으로 소개비 부담의 경감뿐만 아니라 시장의 약자인 일용근로자들의 추가적인 비용 부담 가능성을 없애주는 방안이다. 다음으로 일용근로자들의 일당 선지급을 위한 저리 금융대출을 도입하는 방안도 있다. 소개업소가 저리금융을 통해 자금을 조달하고 이를 바탕으로 일용근로자 일당을 선지급하는 방안이다.

일용직 근로자들을 실업 위험으로부터 보호하기 위해 고용보험 가입을 적극 유도하는 방안도 도입할 필요가 있다. 무엇보다 새벽 인력시장의 주변 환경을 개선하여 일용근로자들의 삶의 질을 향상하고 사회적 소외감을 완화하고, 더 나은 일용직 일자리로의 전환을 위한 교육 시스템을 확보하는 것도 중요하다. 나아가 일용직에서 자영업자로 전환할 수 있도록 소규모 자본 창업 교육을 광범위하게 시행하고 전반적인 삶의 질을 향상할 수 있도록 다양한 교육 프로그램을 운영해야 한다.

셋째, 퀵서비스 근로자 보호 방안이다.

퀵서비스 배달업은 서류 등 소화물을 발신인으로부터 직접 수령하여 수신인에게 당일 이륜차를 이용해 전달하는 문전 배송 서비스를 말한다. 운송 수단으로는 대부분 이륜자동차가 이용되지만 지역별로 특화된 1톤 미만의 승합차를 이용하거나, 공공사업의 일환으로 시행되는 실버퀵의 경우 지하철 등의 대중교통 수단을 활용하기도 한다.

국민권익위원회에서 발표한 자료에 의하면, 전국에 3000~4000개의 업체가 영업 중이고 퀵서비스 기사가 약 17만 명 활동하는 것으로 파악되었다. 기사 1인당 하루 평균 10~15건에 달하는 배송주문을 소화해 하루 평균 순수입은 5만~7만 원으로 추정되며, 서울 지역을 기준으로 월간 약 130만 원, 성수기에는 월간 약 170만 원의 순수입을 올리는 것으로 보인다.

부당한 계약 관행을 바로잡기 위해서는 구두계약이 아닌 서면계약을 작성하고 교부하는 것을 의무화해야 한다. 현재 배송 물량과 관계없이 배송료의 23%로 책정된 알선료 수준에 대해서도 정책적인 검토가 필요하다. 각종 명목으로 수수료가 공제되고 부대비용을 스스로 부담하는 상황에서 알선료가 과하다는 배달원들의 주장을 귀담아들어야 한다. 최저임금 수준에 맞춘 알선료 책정 방식도 검토해볼 수 있을 것이다.

퀵서비스 근로자 근로 여건 개선을 위해서는 이륜자동차 배송 서비스업을 등록제로 운영해야 하는 퀵서비스 사업자와 전속기사 간에 근로기준법상 고용 관계를 맺도록 관리해야 할 것이다. 산재보험 및 고용보험 적용을 확대·개선하고, 퀵서비스 기사 협동조합 설립을 지원할 수 있으며, 이륜자동차 사업용 번호판제 도입과 이륜자동차 사업 안전

관리 규정도 마련해야 한다.

넷째, 학생 근로자 보호 방안이다.

통계청이 2011년 3월에 실시한 경제활동인구조사의 부가조사에서 30세 미만으로 대학에 재학 중이거나 휴학 중인 사람은 253만 명인 것으로 나타났다. 아르바이트하는 대학생은 54만 명(21.3%)으로, 남자는 21.9%, 여자는 20.5%로 남녀 모두 5명 중 1명꼴로 아르바이트를 하는데, 아르바이트 참가율은 2년제 대학이 28.2%, 4년제 대학이 19.0%이고, 재학생은 15.8%, 휴학생은 40.9%였다.

아르바이트 대학생 중 법정 최저임금을 받지 못하는 경우가 17만 명(31.9%)으로, 약 3명 중 1명이 최저임금법의 사각지대에 있는 것으로 나타났다.

아르바이트 학생들의 주당 근로시간은 평균 33.2시간인데, 휴학생의 주당 근로시간이 49.2시간, 재학생의 주당 근로시간이 26시간으로 정상 학업이 어려운 수준까지 이르렀음을 알 수 있었다.

아르바이트 학생들이 받는 월급은 평균 89만 원이었다. 월평균 임금은 휴학생이 107만 원으로 재학생 77만 원보다 많았고, 남자가 98만 원으로 여자 79만 원보다 많았다. 2년제 대학 90만 원과 4년제 대학 89만 원은 거의 같은 것으로 나타났다.

이렇게 학업과 경제적인 문제를 동시에 해결해야 하는 학생들을 지원하는 방법에는 어떤 것이 있을까? 무엇보다 등록금 문제를 해결해야 한다. 학점별 등록금제를 통해 학교 수업과 근로 사이의 균형을 맞출 수 있도록 한다.

다음으로 미국의 사례를 바탕으로 우리나라 현행 근로장학금제도를 보완하는 것은 어떨까? 대학생의 지원뿐 아니라 대학과 기업 간 연계를 통해 정부가 기업에 인건비를 보조한다. 대학생일 경우 직장에 대한 경험을 쌓을 기회도 생긴다.

현재 대학생의 근로 관련 권익이 가장 심각하게 침해된 부분은 근무 시 입는 부상이나 질병에 대해 산재보험이 적용되지 않고, 최저임금을 보장받지 못하거나 임금이 체불되는 것이다. 따라서 대학생의 근로와 관련된 권익을 보호하는 법률 지원이 시급하며, 나아가 제반 근로 환경에 관한 지원과 서비스를 제공할 수 있는 공제의 설립도 필요하다.

이렇게 양극화 해소를 위해 네 가지 시급한 과제를 중심으로 연구하여 정부에 정책을 제안하고 당장 가능한 것부터 하나씩 실행했다.

이러한 연구 결과를 바탕으로 양극화의 심각성에 대해 사회적으로 분위기를 환기하고 대안을 찾아보기 위해 JTBC와 공동으로 양극화 해소 기획 프로그램을 제작하여 방영하기로 했다. '대학생 알바 생존 보고서', '빌딩 숲 속 외로운 섬 쪽방에서 만난 사람들', '신촌마을 4형제' 등의 프로그램은 쪽방촌, 공부방, 저소득 학생 근로자들을 심층 취재하여 그 실태를 알림으로써 많은 시청자들의 호응을 얻었다.

위원회에서 마련한 대안에 대해 관계 전문가와 관련 부처의 의견을 수렴하여 정책 토론회를 개최했다. 토론회에서는 주거, 노동 분야 전문가와 국토해양부, 보건복지부, 고용노동부 관계자들이 참석하여 위원회 대안에 대한 견해를 나누었다. 사회통합위원회에서 이런 노력을 했지만 앞으로도 해결해야 할 숙제가 많다.

노벨경제학상을 받은 석학이자 미국 컬럼비아 대학교의 교수로 있는 조지프 스티글리츠는 자신의 책 《불평등의 대가》에서 '미국은 1%의, 1%에 의한, 1%를 위한 나라'라고 했다.

이렇듯 부의 쏠림 현상은 세계가 모두 겪는 홍역이다. 이런 쏠림 현상을 해결하지 않고서는 우리 사회의 지속적인 발전이 쉽지 않다. 이런 문제를 해결하기 위해 사회통합위원회도 생겨났고, 사회적 갈등을 어떻게 봉합할지도 다루는 것이다.

빈곤과 불평등의 증가는 우리 사회를 좀먹는다. 계층 간의 이동이 저하됨으로써 상호 간 위화감이 커지면서 갈등이 늘어난다. 소득 격차 확대에 따른 양극화는 자살, 이혼, 가출 등 각종 사회 병리적인 현상을 양산하고, 복지의 기본 단위인 가정을 해체하는 주요한 원인이 되었다. 물론 거시적인 차원에서 지속가능한 국가 발전을 저해하기도 한다.

사회통합위원회에서 추진했던 극빈층 주거안정, 새벽 인력시장 일용근로자 지원, 퀵서비스 근로자 보호, 학생 근로자 지원 등 4개 분야의 취약 계층 지원 방안의 연구는 나름의 성과를 거두었다. 이외에도 우리 사회에는 보호의 사각지대에서 어려움을 겪는 취약 계층이 숱하게 존재하는 만큼 국가적인 차원에서 이들에 대한 지원 방안을 꾸준히 마련해야 할 것이다.

이 당시를 돌이켜보면 여러 소회가 드는데 특히 쪽방촌에서의 경험은 필자에게 상당한 충격을 주었고, 이후 우리 사회의 빈부 격차와 계층 갈등을 위해 더욱 힘쓰게 되는 계기가 되었다.

서울에서 가장 붐비는 곳 중 하나인 영등포역에는 경인선, 경부선 등의 철도가 이어져 있다. 여기에 지하철 1호선이 관통하면서 서울과 지방을 연결하는 허브 역할을 하므로 유동인구가 꽤 많다. 매일 수많은 사람이 오가지만 무심히 지나치기 쉬운 곳이 바로 영등포역 옆에 있는 쪽방촌이다. 몇 개의 좁은 골목으로 외부와 연결된 이곳에 쪽방촌이 있다는 사실조차 모르는 사람이 대부분이다.

영등포역에 들어선 대형 백화점 건물에 가려 더욱 그늘이 짙어진다. 사회통합위원회는 한국자원봉사협의회와 함께 매달 한 번씩 자원봉사 활동을 했는데, 하루는 영등포 쪽방촌으로 가기로 했고 그 현장을 직접 목격하면서 충격을 받았다.

이곳 사람들은 70%가 정부 보조금으로 생활하고 있었으며, 나머지는 건설 일용직 등에 종사하며 생계를 유지했다. 식사는 대부분 인근 교회에서 제공하는 무료급식으로 해결했다. 상당수가 알코올의존증에 시달리고 있어 정부가 지원하는 적절한 치료 프로그램이 절실했다.

잘게 쪼갰다고 해서 이름 붙여진 쪽방촌은 대개 성인 한 사람만이 잠을 잘 수 있는 공간의 숙소다. 화장실과 부엌은 공동으로 사용하며 보증금 없이 일세·월세를 내는 형태의 주거시설이다. 영등포 쪽방촌에서는 정부 보조금 월평균 43만 원으로 생활하는 500가구 정도가 평균 20만 원 정도의 월세를 낸다. 또한 대다수가 혼자 살고 있다. 비닐하우스, 움막, 판잣집 등 임시 건물까지 포함한 전국의 쪽방촌 거주 인구는 전체 인구의 0.2% 정도인 10만 명 정도로 추산된다.

쪽방촌의 역사는 1960년대로 거슬러 올라간다. 일감을 찾아 지방에서 서울로 인구가 대거 유입되기 시작한 시점이다. 이 사람들은 도시 빈민으로 분류되면서 달동네, 산동네, 판자촌 등에서 살았다. 1970년대가 되자 서울시는 도시 미관을 이유로 이 불량 주거지를 대거 철거하기 시작했다. 특히 1988년 서울올림픽을 계기로 대대적인 재개발이 이뤄졌다. 이런 일련의 과정을 통해 도시 빈민들이 점유할 수 있는 공간이 사라지고 쪽방촌이라는 극단적인 주거 형태로 바뀌게 됐다. 영등포 쪽방촌 사람들도 언젠가 재개발이 시작되면 인생의 종착역인 노숙인으로 내몰리게 될 것이다.

국제통화기금IMF은 수년 내로 한국이 1인당 GDP 3만 달러를 넘어설 것으로 예측했다. 본격적인 선진국의 궤도에 들어서는 것이다.

그러나 쪽방촌 같은 우리 사회의 그늘을 없애지 않는다면 무슨 의미가 있겠는가? 부자와 빈자가 공존할 수 있는 공평한 사회가 되어야 한다. 공평하지 못한 사회는 공정한 사회도, 정의로운 사회도 될 수 없다. 영등포 쪽방촌 경험을 통해 우리나라가 정의로운 선진국 사회로 가기 위해 한시바삐 계층 갈등과 양극화 문제를 해결해야 함을 절실히 깨달았다.

대한민국은 아직 자본주의가 도입된 역사가 짧아 성숙한 자본주의 문화가 부족하다. 근본적으로 모든 부는 사회에서 유통되는 것을 내가 잠시 맡아서 가지고 있는 것에 불과하다. 본래 사회의 것이므로 언젠가 사회로 되돌려줘야 한다는 의식을 가져야 한다.

그런데 우리나라는 족벌경영의 재벌체제를 봐도 알 수 있듯이 시장경제체제에 대한 성숙한 의식이 부족하다. 물론 자신이 경영하는 기업에 대한 주인의식을 갖는 것은 좋다. 아무래도 주인의식을 가지면 책임경영을 할 수 있을 것이다. 그런데 이런 주인의식과 함께 사회적 책임을 함께 갖는 태도가 필요하다.

그렇지 않으면 결국 독단에 빠지고 국가나 사회를 위한 경영을 하는 것이 아니라 전횡을 일삼고 비리를 저지르게 되는 것이다. 경영권을 승계할 때도 회사를 가장 잘 이끌어갈 수 있는 전문 경영인에게 맡기지 않고 자질과 무관하게 가족에게 넘기는 것을 고집하게 된다. 이런 문화가 하루빨리 개선되어 족벌경영이 사라지고 자신의 부를 사회에 환원하는 문화가 보편적인 것으로 자리 잡을 때 양극화가 해소되고 계층 간의 갈등도 줄어들 것이다.

노블레스 오블리주와 기부 외에 국가 제도로써 계층 갈등을 해소하는 방안으로 복지가 해결책이 될 수 있다. 하지만 복지 역시 경제성장과 함께 맞물려서 점차 증진되어야 하므로 한계가 있다. 스웨덴은 1887년부터 사회복지에 대한 논의를 시작했다. 복지 제도의 역사가 무려 120년을 넘어 130년에 이르고 있다. 그에 비해 우리나라는 아직 30년

정도로 터무니없이 그 역사가 짧으며, 경제성장의 정도도 그런 선진국에 미치지 못한다. 그래서 자본주의와 복지체제가 제대로 우리 사회에 정착되지 못한 것이며, 이제 갓 걸음마 수준을 벗어난 단계인 셈이다.

한 사회의 성장도 사람의 성장 단계와 비슷하다. 성장에 필요한 과정 하나하나를 다 겪지 않고 갑자기 어른이 될 수는 없다. 물론 선진국의 사례를 모범으로 삼아, 그들이 겪었던 오류를 최소화하여 더 빠른 속도로 복지 제도를 사회에 정착시킬 수는 있을 것이다.

소통의 문화도 마찬가지다. 대한민국의 민주주의 역사가 짧기에 소통의 문화도 아직 정착되지 않았다. 서구처럼 민주주의 역사가 오래된 나라는 즉각적인 소통이 이뤄진다. 테러가 발생하자마자 각국의 정상들이 바람처럼 프랑스 파리로 모여들어 즉시 정상회담을 하는 것만 보아도 알 수 있다. 그런 문화가 잘 정착된 것이다. 우리나라는 경제나 정치 양 측면에서 모두 성숙한 자본주의와 소통의 문화가 여전히 부족하다. 따라서 복지체제가 정착되고 계층 갈등이 해소되기 위해서는 장기적인 관점에서 하나씩 문제를 해결해나가야 한다.

결론적으로 아직 자본주의와 시장경제체제가 덜 성숙한 우리나라에서 계층 갈등을 해결하기 위해서는 제도적인 복지를 갖추는 것만큼이나 지도층과 부유층의 역할, 기부와 노블레스 오블리주를 실천하는 문화를 확산시키는 것이 중요하다.

03

이념 갈등, 치명적인 이분법의 오류

과거에는 공산주의와 자본주의 양대 냉전 시대의 갈등이 있었다. 구소련이 몰락하면서 이러한 냉전 시대는 막을 내렸지만, 아직도 우리 사회에는 이념 갈등이 상존하고 있다.

대표적으로 연일 무고한 생명을 살해하며 지구촌을 분노에 들끓게 하는 수니파 이슬람 근본주의자 집단인 IS, 정부군인 시아파와 반정부군인 수니파의 종교전쟁으로 발전한 시리아 사태 역시 그러한 이념 갈등의 일종이다.

이 분쟁들을 지켜보면, 가장 순수해야 할 종교마저 이념 갈등의 도구로 전락한 느낌이다. 안타까운 사실은 종교마저 이념화돼버렸고, 이념화된 것뿐만 아니라 서로 적대시하면서 살육하는 전쟁을 벌인다는 것이다. 종교가 전쟁으로 이어진다는 것은 얼마나 끔찍한 일인가?

종교를 구성하는 핵심 개념은 자기 개방, 자기 정화, 해탈, 자유와 같은 것들이다. 그런데 이것이 자기 내부의 틀에 갇혀 곪고 부패해 이념화됨으로써 더 파괴적인 적대 관계를 유발한다는 것이 현대사회의 슬픈 현실이다. 종교가 이념화되면 다른 사상보다 더 화해할 수 없는 것으로 보인다. 과거에는 정치 이념이 한 국가 내에서 어느 정도 통일되어 있었다. 한 국가는 한 정치 이념으로 구동되었다. 그런데 근래의 이념 갈등은 국가를 초월하고, 한 국가 내에서도 다양한 모습으로 나타나면서 갈등의 양상이 다양하고 걷잡을 수 없이 확산되고 있다.

이때 우리는 어떻게 해야 할 것인가? 종교의 본래 이념으로 돌아가야 한다. 세계적인 종교 지도자들이 모여서 이 사태에 대해 논의하고 종교의 근본적인 이념과 철학에 대해 널리 세상에 알려야 한다. 그래서 당장 이 피비린내 나는 살육을 끝내야 할 것이다. 그들이 진정한 종교인이고 지도자라면 마땅히 그러해야 한다. 한목소리로 인류가 공동으로 통합하여 번영할 수 있는 철학과 윤리와 이념을 제시해야 한다.

사회통합위원회는 부단히 이런 이념 갈등을 해결하기 위해 노력해왔다. 그중 대표적인 것이 보수와 진보 간에 사회통합을 이슈로 대토론회를 벌인 것이다.

이념적 대립갈등의 중심에 서 있는 오피니언 리더 및 시민사회단체 활동가, 대학교수 등 보수와 진보를 대표하는 각 진영의 전문가들이 함께하는 토론회였다.

이들이 참가한 세미나 등을 통해 양대 진영의 시각을 들여다보고 나아가 융합의 가능성을 탐색해보고자 한 것인데, 그 구체적인 노력이 '사회통합 컨센서스 2010', '공정 사회를 위한 컨센서스 2011'이라는 결과물로 나타났다.

2012년에도 이러한 노력은 이어져 서로 시각의 차이가 뚜렷한 사회 이슈에 대해 실질적인 정책을 추진해온 전직 장관 및 해당 분야 전문가, 언론인, 대학교수, 학자 등과 젊은 층을 비롯한 일반 시민이 함께 참여하는 소통의 장을 마련하였다. 이를 통해 우리 사회의 이념적 갈등과 대립의 현주소와 앞으로 사회통합을 위한 발전 방안 등을 제시하였다.

1차 대토론회는 지난 수십 년간 남북 관계 및 통일 정책을 실질적으로 이끌어온 대표 논객들을 초청하여, 사회통합이라는 주제 아래 사상 최초로 진보와 보수를 넘어 새로운 남북 관계 및 통일 정책을 구상하고 모색하는 토론회를 국회에서 개최하였다.

이 토론회에서 진보와 보수 모두 흡수통일보다는 점진적 합의통일에 공감했으며, 국가보안법은 문제가 있는 조항부터 개정하자는데 의견을 모았다. 하지만 북한 핵과 인권 문제에 대해서는 뚜렷한 시각차를 보였다.

국회도서관에서 열린 1차 대토론회에서는 국회의원실 보좌관 등 주요 인사들이 참석하였고, 기획재정부 등 정부 부처에서도 토론회 자료를 요청하는 등 정책 당국의 비상한 관심을 불러일으킬 정도로 열기와 수준이 높았다. 한겨레신문사는 이날 토론회를 영상 녹화해 '인터넷 한겨레'에 게재하기도 했다.

2차 대토론회는 이화여자대학교에서 한국의 경제와 복지 담론을 이끌어가는 오피니언 리더들을 초청하여 '사회통합을 위한 새로운 자본주의와 복지국가 모델'이라는 주제로 젊은 세대와 함께하는 토론회를 열었다.

이 토론회에는 김수행 성공회대학교 석좌교수, 김종석 홍익대학교 경제학부 교수, 장하준 케임브리지 대학교 경제학부 교수, 최연혁 스웨덴 쇠데르턴 대학교 정치학과 교수 등 한국의 경제와 복지 담론을 이끌어가는 지식인들이 대거 참가하였다.

이즈음은 대통령 선거를 앞두고 경제민주화와 복지국가 이슈 등이 주요 쟁점으로 대두되는 상황이었으므로 더욱 많은 국민적인 관심을 끌어모을 수 있었다. 진보와 보수 양쪽 모두 양극화와 신자유주의의 문제점을 지적했지만 그 해법은 서로 달랐다. 보수 쪽은 공정한 시장경쟁을 통한 해결을 주장했고, 진보 쪽은 복지를 강화하자는 대안을 제시했다.

이 토론회 역시 자료집이 모두 동나고, 주요 언론과 미디어가 중개하며 뜨거운 열기 속에 진행되었고 성공리에 마쳤다.

토론회에서 논의된 주요한 내용을 요약해보면 신자유주의에 문제점이 있다는 것, 그리고 현재 전 세계가 위기에 놓여 있다는 것에 대해서는 이견이 없었다. 또한 이러한 어려움 속에서 지금 경제민주화 이야기가 나오고 있다는 것은 그만큼 체제가 성숙했다는 뜻일 수 있다는 희망적인 근거도 도출되었다. 전반적으로는 현재 자본주의의 불평등 현상을 해결하기 위해서는 새로운 모델을 구상해야 한다는 의견에 동조하는 분위기였다.

구체적으로 살펴보면, 경제민주화와 함께 주주자본주의에 관한 논의에서 장하준 교수는 기존의 경제민주화 개념이 주주자본주의의 철회 의지에 불과했다고 밝히며, 진짜 경제민주화의 핵심은 주주의 사사로운 주주권 강화에 대한 처벌보다 자본에 대한 통제력을 키워야 한다고 주장했다. 토론자 전원이 이에 동의했으며, 특히 최연혁 교수는 스웨덴의 사례를 들며 민주적 선거나 정치적인 캠페인으로 충분히 해결 가능하다고 주장했다. 김수행 교수는 한발 더 나아가 모든 경제주체의 1인1표제를 강화하고 실질적인 경영권을 가져야 한다고 했다.

김수행 교수는 복지를 '포퓰리즘populism'(대중 영합주의)으로 몰아가는 논쟁구도에 반발하며, 보다 과감하게 복지 정책을 펼쳐야 한다고 주장했다.

복지를 위한 증세에는 대체로 동의하는 분위기였다. 다만 최연혁 교수는 우리 실정에 맞게 적정 폭을 정하는 것이 중요하다고 강조하며, 미국 수준의 세율만 되어도 긍정적일 것이라고 주장했다.

재벌경제에 대한 분석에서도 모두 그 필요성에 대해 공감했다. 최연혁 교수는 스웨덴의 발렌베리 가문을 예로 들면서 자본가의 사회적 책임을 강조하며 우리 기업들의 사회적 책임이 미비한 것에 아쉬움을 보였다. 최연혁 교수는 특별히 정치민주화와 경제민주화를 함께 강조했는데, 이는 김수행 교수의 경영권 확대 입장과 일맥상통했다.

장하준 교수는 더 나아가 징벌적 제도까지 적극 검토해야 한다고 주장하며 타협적인 접근방법과는 거리를 두었다. 덧붙여 현실적으로 복지재정이 시장에 의존하는 점을 강조했다. 김종석 교수는 시장과 국가 사이에서 관료가 조정하는 역할이 중요하다고 했다. 끝으로 최연혁 교수는 복지 수급에 대해 행정이 치밀해져야 하며, 생산적 복지로 나가야 한다고 역설했다.

이념 갈등을 해결하기 위한 이런 토론의 장이 우리 사회를 더욱 성숙하게 하고 통합으로 가는 길에 이바지할 것이다. 보수와 진보의 시각차가 뚜렷한 쟁점에 대해서는 계속해서 소통과 대화의 장을 마련해야 한다는 것을 느꼈다. 이념 갈등을 해결하는 데 있어서도 세대 갈등과 마찬가지로, 기득권층에 속하는 기성세대와의 격차를 해결하기 위해 젊은 세대와의 공감을 불러일으키는 것이 중요하다는 깨달음을 얻었다. 이념 갈등과 세대 갈등이 따로 구분된 것이 아니라 상당 부분 궤를 같이하는 것이 핵심이니 지도층들은 대학생 등 젊은 세대가 이러한 소통의 장에 함께할 수 있도록 유인해야 할 것이다.

끝으로 보충하자면 보수와 진보의 만남을 위한 성과 중 '사회통합 컨센서스 2010'에서 합의한 60가지 사항은 주목할 만하다. 보수와 진보가 수많은 의견 차이를 넘어 최대한 상호 간 접점을 모색하는 데 성공한 초유의 과업을 수행한 것이다. 서로의 다름을 선명히 드러냄과 동시에 상호 간 만남의 여지에 대해 열린 태도를 보인 결과, 보수와 진보가 모두 공감할 수 있는 대한민국이라는 공동체를 위한 통합과 공존의 큰 틀을 마련할 수 있었다. 9차례의 토론 결과 도출된 60가지 합의 사항이 그 정수라고 할 수 있으니 여기에 옮겨본다.

보수와 진보 대타협, 사회통합 컨센서스 60 요약

1. 한국 사회 이념논쟁, 무엇이 문제인가?

1) 휴머니즘이 제일 중요하다.

2) 민주주의와 시장제도를 인정하자.

3) 외교는 평화, 상호 번영을 토대로 해야 한다.

4) 사회를 한 방향으로 몰지 말자.

5) 사회적 약자를 보호하자.

6) 개인주의와 공동체주의를 동시에 존중해야 한다.

2. 경제, 자유시장경제인가, 제3의 길인가?

7) 우리 헌법은 기업의 자유와 시장에 대한 개입을 동시에 인정한다. 대한민국의 장기적 발전을 위해 중요한 내용이다.

8) 사전적 기회균등과 적절한 복지가 조화를 이뤄야 한다.

9) 녹색경제는 정권 차원을 넘어 새로운 경제 패러다임으로 존중받아야 한다.

10) 창조, 협력, 청정 경제를 지향한다.

11) 국제 공조 확대는 필수적이다.

12) 금융위기의 원인인 해외 단기자본의 이동에 대한 규제와 모니터링이 필요하다.

13) 주주의 단기적 이익 실현에 집착하는 주주자본주의는 극복되어야 한다.

3. 한국 민주주의를 보는 시각, 문제와 대안

14) 우리 민주주의에서는 헌법의 기본 가치, 즉 자유민주주의적 기본 질서와 민주공화국 등이 가장 중요하며, 민주주의의 성숙을 위해서는 이러한 헌법적 가치들을 중심으로 논의를 진행해나가야 한다.

15) 우리 현대사에서 산업화와 민주화는 각각 성과가 있다.

16) 21세기에도 대의민주주의는 여전히 민주주의의 중심 원리를 이루고 있고 가장 중요한 정치 원리다. 다만 세계화의 도래와 정보화 사회의 진전에 따라 나타나는 대의민주주의의 문제점을 보완하는 방안의 하나로서 거버넌스(공공경영)에 대해 앞으로 주목하여 논의할 필요가 있다.

17) 우리 민주주의의 성숙을 위해서는 갈등 조정자로서의 국회가 제대로 된 역할을 해야 한다. 더불어 선거제도의 개선, 부패 청산을 위한 제도적 노력 등이 뒷받침되어야 한다.

18) 자유주의와 민주주의 사이의 조화가 중요하며, 이를 위해 공동체

구성원들의 노력이 중요하다.

4. 한국 보수와 진보의 대외 정책과 대북 정책, 합의점은 없는가?

19) 대외 정책의 기본 방향은 국익 극대화와 한반도의 평화, 안정, 번영이다.

20) 북한의 정상 국가화를 유도하는 대북 정책과 남북 관계의 원칙을 굳게 지키고, 더 내실화해야 한다.

21) 6자 회담의 필요성에 주목한다. 6자 회담의 목표는 북핵의 외부 이전 제한만이 아닌 핵물질, 북핵 프로그램, 핵무기의 모든 것이 불가역적으로, 검증 가능한 방법으로 완전히 폐기되어야 한다.

22) 북한인권 개선의 시급성에 대해서는 인식을 같이한다. 북한인권의 실질적 개선을 위해서는 1975년 헬싱키 협약부터 1990년 코펜하겐 문건으로 이어지는 이른바 '헬싱키 프로세스'가 하나의 유용한 모델이 될 수 있다.

23) 한·미 동맹의 필요성에 공감한다.

24) 중국의 부상을 중요한 현실로서 인정한다.

25) 천안함 사태는 참으로 비극적이다. 북한의 만행은 규탄되어야 한다. 다만 정부 조사 발표 과정에서 아쉬운 점은 있다.

26) 이미 이루어진 전작권(전시작전통제권) 합의를 완전히 무無로 돌릴 수는 없다.

5. 균형발전 정책과 지방분권

27) 지방화는 21세기 한국의 미래에서 거스를 수 없는 대세다.

28) 균형발전 정책은 지역 특화 발전을 지향해야 한다. 이를 위한 중앙정부의 일정 역할은 필요하다.

29) 지방자치 및 지방분권은 더욱 강화되어야 하며, 이의 보호를 위해 헌법에 관련 조항을 구체적으로 명시할 필요가 있다.

30) 호화 청사 신축 등 전시성 사업은 지양하고, 전임자 사업에 대한 지방정부의 책임성을 강화해야 한다.

31) 현재 추진되고 있는 지방행정구역 및 지방행정체제 개편은 지방자치의 원칙을 존중해야 한다.

6. 교육, 경쟁력인가? 형평성인가?

32) 대통령이 바뀌어도, 교육감이 바뀌어도 주요 교육정책은 안정성을 유지해나갈 필요가 있다. 이를 위해 사회적 협약 수준의 교육정책 안전망이 필요하다.

33) 정부는 자율성, 다양성, 개별성이 존중되는 교육을 지향하되, 소외계층을 위한 교육도 적극 관리해야 한다.

34) 헌법에서 보장하는 교육 수요자(학생과 학부모)의 교육 선택권은 최대한 보장되어야 한다. 동시에 교육에 의한 부와 권력의 대물림은 지양되어야 하며, 이를 위해 헌법에서 보장하고 있는 교육 평등의 기회도 보장되어야 한다.

35) 학업성취도 평가 시스템을 미래지향적 관점에서 재정립해야 한다. 두 차례의 평가는 이 정책의 취지를 충분히 살리지 못했다.

36) 체벌은 원칙적으로 지양되어야 한다.

37) 교사 평가는 필요하다. 다만 현행 평가 제도는 더욱 합리적인 방향으로 개선되어야 한다.

38) 원칙적으로 헌법적 가치 테두리 내의 교육 내용이 선정되고 가르쳐져야 한다. 더 높은 차원의 사회적 합의가 요구된다.

7. 사회복지, 미국 모델인가, 유럽 모델인가?

39) 복지 부문의 양적 팽창과 함께 관련 제도의 정비와 확대 등을 통해 한 단계 발전이 도모되었으나 한국 사회가 필요로 하는 수준까지의 발전으로 이어지지 못한 한계가 있다.

40) 중산층의 붕괴와 빈곤층의 확대를 억제하기 위해 복지 부문에서 사회보험의 사각지대 해소와 복지전달 체계의 확충·개선 등이 우선 시급한 과제다.

41) 분배 구조 악화에 대응하기 위해 고용 정책과의 연계로 일할 기회를 적극 마련하는 것이 중요하다. 교육, 능력 개발을 촉진하는 인적자원 개발 정책 등과의 유기적 결합을 통해 근본적인 해결책을 찾아야 한다.

42) 성장과 복지의 조화를 이룰 실질적인 전략의 하나로 사회복지 서비스 확충 전략이 필요하다.

43) 환경 변화와 복지 발전을 고려할 때 복지재정 팽창이 불가피하며, 복지재정의 확충을 위한 중장기적 계획을 수립하고 국민적 합의 수준을 높이도록 해야 한다.

44) 한국의 복지국가 모형 논의는 이념 차원보다 한국 사회의 발전에 어느 길이 더 합리적이고 타당하냐에 대한 기준을 통해 탐색해야 한다. 국민 생활 불안정과 양극화 해소 가능성, 복지 사각지대 해결 가능성, 경제성장과의 선순환, 복지재정의 조달 가능성이 기준이다.

45) 복지 제도 구축에서 보편적 제도와 선별적 제도는 적절히 혼합되어야 한다.

8. 세계화, 어떤 개방을 이룰 것인가?

46) 경제성장을 위해 지속적이고 적극적인 개방 전략이 필요하고, 개방을 지속하기 위해 사회통합을 최우선 목표로 삼아야 한다.

47) 세계화뿐 아니라 생산기술의 정보통신화, 지식경제화로 인한 고용 구조의 변화가 전 세계적으로 양극화 문제를 심화시키고 있다. 양극화 구조와 격차 확대 문제를 해결하고 지속가능한 세계화를 달성하려면 생산성 격차를 줄여야 한다.

48) 교육, 의료, 법률, 유통 등 서비스 산업은 상대적으로 개방이 미흡하다. 개방을 고려하되 교육, 의료 분야의 개방은 공공선을 훼손하지 않도록 유의해야 한다는 데 인식을 같이한다.

49) 금융의 세계화는 추진되어야 한다. 다만, 국제금융의 불안정성에

대비한 안전장치 도입은 강구되어야 한다. 특히 단기자본 이동에 대한 부분적인 통제와 동아시아 지역 내 통화금융 협력 시스템을 추진하는 것이 필요하다.

50) 경제정책의 목표를 성장률 제고가 아닌 고용률 제고로 바꿔야 한다.

51) 녹색산업을 미래 성장동력 산업으로 육성하기 위한 산업 정책이 필요하다. 정부 주도의 산업 육성 정책을 지양하고, 민관 협치의 산업 기반 정책이 되어야 한다.

52) 적극적인 세계화를 통해 국가 경쟁력을 높여야 한다. 세계화의 영향으로 국내 산업구조와 소득분배 악화를 막기 위해 인적·물적 자원을 최대한 효율적으로 사용한다. 비교역 부문과 내수산업도 세계화의 혜택을 누릴 수 있도록 병행 발전을 추구해야 한다.

9. 고용위기, 해법은 없는가?

53) 고용위기 극복을 위해서는 새로운 성장 모형과 전략이 필요하다.

54) 새로운 노동시장 질서와 관행을 만들어야 한다.

55) 중소기업과 지역 차원의 고용 역량을 강화해야 한다.

56) 비정규직에 대한 근원적인 해법을 마련해야 한다.

57) 청년, 여성, 고령자의 고용률을 높여야 한다.

58) 노동운동과 노사 관계도 일자리 중심으로 나아가야 한다.

59) 복지 제도도 고용, 복지 융합형으로 나아가야 한다.

60) 정부의 리더십이 강화되어야 한다.

04

지역 갈등, 뿌리 깊은 역사를 넘어야 할 때

우리 사회가 통합으로 가기 위해 지역 정책을 새롭게 해야 할 필요성은 여러 곳에서 감지되었다. 비수도권 지역의 주민에게서 지역 간 격차와 불균형이 확대된다는 불만의 소리를 종종 듣는다. 하지만 경제성장 과정에서 지역 간 격차가 발생하는 것은 한편으로는 불가피한 현상이기도 했다. 실제로 지역 간 격차에 대한 학자들의 견해는 다양했다.

진보 진영 학자들은 지역 간 격차를 심각하게 인식하여 정부가 과감한 투자를 통해 그 격차를 줄여야 한다고 주장했다. 또 보수 진영 학자들은 우리나라의 지역 간 격차는 국제적 기준으로 볼 때 비교적 양호한 수준이므로 정부 개입보다는 권한의 이전을 통해 지역 스스로 문제를 해결할 수 있도록 유도해야 한다고 주장했다.

따라서 현 상황에서 지역 격차를 정확히 진단하고, 지역 격차를 줄이기 위해 어떤 정책을 입안하고 추진해야 할지 구분해서 검토해야 했다. 특히 사회통합 차원에서 불공정한 지역 격차 문제를 해결할 수 있는 정책 대안을 모색해야 했다.

따라서 사회통합위원회는 한국사회학회 및 한국지역학회와 함께 정치, 경제, 사회, 문화 등 다양한 삶의 영역들에서 사람들이 실제로 느끼는 지역 간 격차에 대한 의식을 조사하였으며, 공정 사회라는 시각으로 이 문제를 분석하기 위해 지역 격차를 보는 새로운 시각을 도입한 연구를 진행했다. 그리고 지역분과위원회에 '공정 사회 건설을 위한 지역 간 격차 해소 방안 마련 소위원회'를 구성하여 한국사회학회, 한국지역학회 연구 결과 등을 토대로 총 5차례의 회의, 2차례의 전문가 토론회 및 공개토론회를 거쳐 바람직한 대안을 찾고자 노력했다. 이러한 노력의 결과를 간단히 정리하면 다음과 같다.

먼저, 지역 발전 정책의 패러다임이 변해야 한다. 그간의 지역 격차에 대한 인식은 소득 수준, 고용 기회, 문화, 환경, 생활 수준 등 대부분의 측면에서 지역 간 격차가 존재한다고 생각했지만, 실제 지표를 분석한 결과 그 격차가 전반적이지는 않았고 일부분에 국한되어 있었다.

심리적·인지적 지역 격차에 대해서는 수도권과 비수도권의 경우 그리고 도시와 농촌 간에는 경제, 교육, 의료 분야에서 삶의 격차가 큰 것으로 나타났다. 영호남 간에는 경제적 측면에서 삶의 격차가 컸다. 반면, 통계적 측면의 지역 격차에 대해서는 수도권과 비수도권, 도시와 농촌, 영호남 간 모두 경제와 교육 부문에 대한 삶의 역량 격차가 큰 것으로 나타났다.

즉, 분석 대상으로 삼은 대부분 지역에서 경제와 교육이 가장 중요한 격차로 나타났다. 이를 통해 그동안 우리가 알던 많은 격차는 경제와 교육 격차가 확대하여 해석된 것으로 볼 수 있다. 따라서 앞으로 지역 격차 해소를 위한 정책을 개발하기 위해서는 경제와 교육 분야를 우선해야 한다.

그동안 지역 개발은 지역산업의 발전이나 지역의 물리적 시설의 확충에 막대한 자원을 투자했던 반면, 인적 자원 육성에 대한 투자는 미미하였다. 최근에는 경제활동에서 우수한 인력을 확보하는 것이 중요해졌고, 삶의 역량 증진에 관심이 높아진 만큼 해당 지역의 균형 발전을 위해 우수한 인력을 양성하는 것이 중요하다. 또 그런 인력을 따라 경제활동이 자리 잡도록 전략을 세워야 한다. 다시 말해 지역 간 삶의 역량 격차를 줄이고 통합된 사회로 가기 위해서는 지역 발전 패러다임을 인적 자원 중심으로 바꾸는 것이 핵심이다.

다음으로 인적 자원 확충에 기초하여 지역 발전 정책을 병행해야 한다. 2013년까지의 지역 발전 정책은 중앙정부 주도의 계층적인 방식으로 이루어졌다. 선도산업은 지역의 여건과 유리된 산업을 선정함으로 인해 지역경제 발전에 대한 기여도와 고용창출의 효과가 미미했다.

지역 간 격차를 공정하게 해결하기 위해서는 우선 지역 발전 정책의 세 가지 구성요소인 기반 시설, 산업, 인력에 대한 투자의 우선순위를 인력 중심형 지역 발전 정책으로 재구성하는 것이 필요하다. 지역산업의 육성 체계를 분리·계층형에서 통합·협력형으로 재구성하되, 광역경제권 단위로 산업의 발전, 기반의 구축과 인재 육성 등의 여러 사업 간의 우선순위를 지역 여건을 고려하여 재조정할 수 있는 시스템을 구축해야 한다. 이렇게 하기 위해서는 광역경제권 발전위원회 등을 활용하여 지역인재 육성산업의 허브 역할을 하도록 하는 방안 등을 고려할 수 있다.

또한 광역경제권 차원의 효율적인 지역 정책 추진을 위해서는 중앙부처의 각개 약진 방식의 정책 집행과 지자체 소관부서 간의 협력 부족 때문에 발생하는 각종 비효율성을 없애야 할 것이다. 이것이 가능하기 위해서는 경쟁과 협력의 원리에 기반을 두어 기존에 존재하는 클러스터들과 연계체제를 구축하고, 혁신자원을 효율적으로 확충하는 등 네트워크형 추진 체계를 구축하는 것이 중요하다.

필자가 사회통합위원회에 있을 때 전력을 기울인 것 중 하나가 이러한 방식으로 지역 갈등을 해결하는 것이었다. 앞으로도 이 연구 결과가 사장되지 않고 계속 국가정책으로 이어져나가기를 바란다.

돌이켜보면 우리나라는 압축 성장 과정에서 지역 갈등이 발생했다. 물론 일부 정치 지도자들이 자신의 정치적 이익을 위해 지역 갈등을 유발하는 측면도 있었지만, 근본적으로는 급작스런 경제 발전을 추구하는 과정에서 성장의 불균형이 발생했고, 그로 인해 지역 갈등이 빚어졌다. 이것이 어느 순간 정치색을 띠면서 고착화한 것이다.

한편으로 생각해보면, 이러한 지역 갈등은 우리나라의 역사를 통해 오랫동안 뿌리 깊게 남아 있던 것이라고 할 수 있다. 신라, 백제, 고구려가 1000년이 넘는 역사 동안 얼마나 오랫동안 국지전에서 전면전까지 크고 작은 전쟁을 벌여왔던가?

그러한 역사적인 문화가 현대에 와서는 다시 성장의 불균형과 표를 얻기 위한 정치적 전략 등으로 인해 다시 지역 갈등이라는 양상으로 드러나게 된 것이다.

21세기에 들어서는 이제 이러한 지역 갈등을 끝내야 할 것이다. 지역 갈등으로 소모되는 사회적 비용이나 문화적인 충돌과 서로에 대한 반감은 상당히 크다. 그로써 우리나라가 선진국으로 넘어갈 수 있는 동력이 많이 약해지는 것도 현실이다. 지역 간 협의체를 만들고, 서로의 의견을 듣고 갈등을 조정할 수 있는 창구를 끊임없이 만들어 나가야 한다.

자연과 시, 그리고 더불어 사는 삶

김용택, 시인

봄이 오면 산에 처음으로 피는 꽃이 생강나무꽃이다. 산동백꽃이라고도 한다. 그다음으로 마을에서 산수유가 피고, 매화꽃, 살구꽃, 벚꽃이 차례로 핀다. 이처럼 봄이 되면 우리나라 산천에 순서를 따라 꽃이 피는데, 이것은 우리 인간과 자연의 오랜 약속이었다. 그런데 환경 파괴가 일어나면서 그 약속이 깨지고 있다. 몇 년 전부터 꽃이 한꺼번에 피어서 한꺼번에 진다. 벚꽃이 피면 대개 일주일을 가는데 남산에 산벚꽃이 피어서 보러 가려고 했더니 금방 져버리고 말았다. 꽃과 사람, 자연과 인간의 약속이 무참히 깨어져버리는 세상이 올바르게 가고 있는 것일까 심각하게 되돌아보게 된다.

우리가 진짜 무엇을 걱정하고 세상을 살아갈 것인가에 대해 다시 한 번 고민할 때가 되었다. 돈만 벌기 위해 악을 쓰고 살 것이 아니라 다시 한 번 삶을 들여다보고, 멈추어보고, 생각해보고 '이렇게 살아도 될까?'라는 삶의 기본에 관한 고민을 해야 한다. 지금은 그런 고민을 통해 근본적인 가치관의 변화를 일으켜야 할 시점이다.

아이들은 정직하고 진실하므로 삶이 진실하고 진정성이 있다. 그렇다 보니 우리가 사는 세상을 늘 새로운 눈으로 바라본다. 모든 것이 새롭기에 신비롭고 그러므로 감동할 수 있다. 감동받기 때문에 진정한 교육이 이뤄진다. 감동하면 생각과 행동이 바뀌고 삶이 바뀌고 운명이 바뀌고 세상이 바뀐다. 교육은 그와 같이 생각을 바꾸는 일이다. 나는 그것을 배웠다. 우리의 삶의 태도도 아이들처럼 바뀌어야 자신의 운명도 바뀌고 세상도 바뀔 수 있을 것이다.

교육이란 하나를 가르쳐주면 열을 아는 것이다. 그런데 우리 학교에서는 하나를 가르쳐주고 하나만 알아도 되는 교육을 한다. 아이들에게 글쓰기를 가르칠 때의 일이다. 하루 중 가장 많이 보는 나무 하나를 자신의 나무로 정해서 그 나무에 일어나는 일을 쓰도록 했다. 세 명의 아이들이 나무를 정하는 데만 일주일이 걸렸다. 그리고 나무를 봤느냐고 물어보면 아이들이다 보니 말을 잘 안 듣고, 안 봤다고 한다. 나무를 봤느냐고 계속 물어보면 그냥 보기만 한다. 또 나무가 어떠냐고 물어보면 그냥 보기만 했기 때문에 잘 몰라 다시 보게 된다. 그렇게 점점 자세히 보게 되는 것이다. 그러다 경수라는 아이가 이렇게 얘기했다.

"제 나무는 마을 앞에 있는 커다란 느티나무인데, 오늘 학교 오면서 보니까 느티나무 앞에 할아버지들이 놀고 계셨어요. 그 앞에는 시냇물이 졸졸졸 흐르고 있었고, 시냇물 건너에는 들판이 있었는데 사람들이 모내기를 하고 있었어요”

한 그루의 나무를 통해 새로운 세계를 만들어내는 것이다. 그냥 봐서는 안 된다. 자세히 봐야 한다. 이해가 되어야 비로소 내 것이 되기 때문이다. 우리는 아이들에게 우리가 살아왔던 세상과 지금의 세상을 가르쳐서 아이들이 살아갈 새로운 세계를 창조하도록 도와주어야 한다. 자세히 들여다보는 것, 하나를 보여주면 그 주위도 함께 살펴보는 것, 이것이 융합이고 창조며 소통으로 가는 길이다.

소통하기 위해서는 사랑해야 한다. 가정은 사랑의 근본이다. 이제 우리는 가정을 지켜야 할 때가 왔다. 가정은 사랑과 애정으로 뭉치는 아름다운 공동체다. 절대적으로 가족이 지켜져야 우리 사회가 지켜지고 가족을 지키는 힘이 우리 사회를 지키고 국가를 지키는 힘이 될 것이다. 무엇보다 근본으로 돌아가서 우리가 살아가는 데 가장 중요한 것이 행복이라는 것을 다시 한 번 생각해보기를 바란다.

05

남북 갈등, 북한이탈주민부터 품어라

남북 간의 갈등이 깊어지는 것을 막고, 나아가 갈등을 해결하기 위한 가장 좋은 방법은 어떻게든 경제적인 면에서 교류하고, 사람들도 교류하는 것이다. 경제 교류가 활성화되어 남쪽에 있는 사람들이 북쪽에 있는 사람들에게 산업 기술을 가르쳐주고, 자본주의체제의 장점을 이해할 수 있도록 도와줘야 한다. 이렇게 관광이든 산업의 제휴든 간에 어떻게든 남한 사람들이 북에 가고, 북한 사람들이 남으로 내려와 자연스럽게 서로의 체제에 공감할 수 있는 영역을 넓혀나가야 한다. 근본적으로 교류를 늘려서 소통을 지속하는 것이 갈등을 해결할 수 있는 기반이 된다.

2012년 4월 기준, 북한이탈주민은 약 2만 3000명이다. 북한이탈주민의 성공적인 정착은 통일 시대 한국 사회통합의 중요한 열쇠다. 따라서 북한이탈주민들의 정착 과정을 적절하게 지원하고, 이들에 대한 한국 사회의 인식을 긍정적으로 바꾸는 정책이 필요하다.

이들이 처한 경제적인 여건은 일반 국민과 비교할 때 열악한 수준으로 경제활동 참여율은 42.6%로 일반 국민 61.6%에 비해 상당히 낮은 수준이며, 실업률은 일반 국민 3.3%에 비해 9.2%로 굉장히 높다. 또한 주 36시간 이상 일하면서 받는 평균 근로소득도 143만 1400원에 불과하다.

먼저 북한이탈주민에 대해 일반인들이 가지는 부정적인 인식을 개선해야 한다. 학교나 직장, 지역사회에서 북한이탈주민은 이질적인 존재로 인식되며, 말투나 문화적 차이에 대한 무지를 이유로 따돌림의 대상이 되기 일쑤다. 이런 이유로 그들이 소외감을 느끼고 학교나 직장에서 이탈하게 되는 경우가 많아서 갈등의 요인이 된다.

북한이탈주민들이 한국 사회에 적응하는 데 어려움을 느끼는 이유는 탈북자에 대한 편견이라는 조사가 있다. 또한 고용주들이 북한이탈주민들의 채용을 꺼리는 이유도 그들에 대한 선입견 탓이라는 응답이 가장 많았다.

북한이탈주민들을 우리 사회에 적응시키기 위해서는 다양한 노력을 기울여야 할 것이다. 사회통합위원회에서 연구했던 정책을 몇 가지 살펴보면 다음과 같다.

첫째, 인식 개선 사업이다. 지금까지 미디어에서는 대개 북한이탈주민을 한국 사회에 적응하지 못하고 주변화하는 모습으로 다뤄왔다. 이런 보도들은 북한이탈주민에 대한 거리감을 강하게 만들고, 단순히 지원 대상으로만 느껴지게 했다. 그 결과 사회 전반에 그들에 대한 편견과 냉대를 확산시켰다.

그래서 북한이탈주민들의 잠재적 역량을 부각하고, 우리 사회의 기여자라는 긍정적 메시지를 국민에게 전달할 필요가 있었다. 이를 위해 사회통합위원회에서는 안정적 정착을 위해 노력하는 성실한 그들의 모습을 담은 기획방송을 지원, 제작하여 SBS에 총 7회에 걸쳐 시리즈로 방송되도록 하였다.

둘째, 일자리 지원 정책을 강화해야 한다. 지역기관에서 취업의 전 과정을 원스톱 서비스로 관리하는 체계를 구축해야 한다. 소위 괜찮은 일자리를 창출하고 확대하기 위한 노력도 해야 하며, 다음으로 맞춤형 직업훈련을 할 수 있도록 지원해야 한다. 나아가 위원회에서는 북한에서 교사였던 북한이탈주민의 경력을 인정하는 방안도 검토할 수 있도록 했다.

셋째, 교육 지원을 확대해야 한다. 북한이탈주민의 교육 기회 확대를 위해 만 35세 이상의 대학 입학자와 생활이 어려운 대학생은 대학, 기업, 장학재단 등에서 지급하는 장학금이 배정될 수 있도록 해야 한다. 이를 위해 통일부는 북한이탈주민지원재단을 통해 장학금 정보를 제공하고 장학금 배정 인원을 확대하기로 했다. 교육과학기술부는 북한이탈주민의 대학 재학 현황을 파악하고 대학별로 장학금 배정을 권고해야 한다.

넷째, 행정 추진 체계를 개편해야 한다. 북한이탈주민의 성공적인 정착을 더욱 효과적이고 효율적으로 지원할 수 있도록 전담기구를 강화하고 관계 기관 간의 유기적인 체계를 구축하는 것이 시급하다.

중앙에서는 북한이탈주민대책협의회를 북한이탈주민정착지원위원회로 확대 개편하는 것이 필요하다. 위원장을 통일부 차관에서 통일부 장관으로 격상하고, 정책 총괄 기능을 수행하는 정책 관제탑의 역할을 강화해야 한다.

통일부의 정착지원과를 정착지원본부로 확대해야 한다. 이렇게 해서 주거, 일자리, 교육, 취업 등 북한이탈주민 지원 관련 중장기적 종합 계획을 수립하고 일반 국민과의 사회통합, 민관 네트워크 조직화, 통일 대비 전문 인력 양성 등 신규 사업을 개발하고 추진해야 한다. 장기적으로 상황에 따라 '청' 수준으로 격상시킬 필요도 있다.

북한이탈주민지원재단은 연구 지원, 전문 인력 양성, 인식 개선 등 북한이탈주민에 대한 정책 지원을 강화해야 한다.

지방은 전국 각 시도에 지역 내 지원 업무의 구심 기관의 역할을 부여해야 한다. 시도는 현재 단순한 거주지 보호 업무만을 수행하고 있으므로 시도 내 전담부서와 인력을 확보하여 업무를 주거, 일자리, 교육 등 제반 영역으로 확대하여 업무의 책임성을 강화해야 한다. 전담 인력은 시도별 북한이탈주민 수와 지역기관 수 등을 고려하여 차별적으로 배정한다.

한편, 지역 내 서비스 제공자인 하나센터, 전문 상담사(북한이탈주민

지원재단)를 통합하여 중복을 없애야 한다. 그렇게 통일된 조직에 일자리, 교육 등 정착에 필요한 각종 사업 수행, 정보 제공, 상담 등을 지원하는 지역 단위 최일선 기관의 역할을 부여해야 한다. 끝으로 서비스 지원 기간을 현행 1년에서 북한이탈주민 보호 기간인 5년으로 확대하여 서비스의 연속성을 확보하는 것이 중요하다.

최근 박근혜 정부가 '통일은 대박'이라는 슬로건을 내세워 언론에서 화제가 되었다. 통일은 물론 여러 측면에서 우리에게 큰 성과를 안겨줄 수 있다. 하지만 준비되지 않은 통일은 대박 이전에 큰 위기 상황을 불러올 수 있다.

통일된다고 해도 문제인 것이 남북한이 반세기가 넘게 이산되어 생활하면서 의식 구조가 많이 달라져 북한 사람들이 통일된 사회에서 적응하기가 어려운 측면이 있다. 그래서 일대일 맞춤 교육을 하듯 북한 사람들을 교육해야 하는 것이다.

이때에 가장 활용도가 높은 통일의 완충 작용, 윤활유 역할을 할 수 있는 사람들이 북한이탈주민이 될 것이다. 통일 시대를 대비한다고 보았을 때, 남북 갈등을 해결할 수 있는 핵심 열쇠 중 하나가 북한이탈주민이라는 것이다.

북한이탈주민은 북한의 체제와 남한의 체제 모두를 잘 아는 독특한 위치에 있는 사람들이다. 통일 후 혼란스러운 상황 혹은 통일 직전의 단계에서 서로 전면적인 교류가 일어나는 상황에서 북한이탈주민들이 하나의 단체를 만들어서 조직적으로 북한 주민에게 남한의 체제에 대해 이해하도록 교육하고, 직간접 체험을 하는 데 도움을 준다면 통일로 인해 생기는 남북 간의 갈등은 현저히 줄어들 것이다.

자본주의 사회를 이해시키는 전도사와 개척자의 임무를 부여할 수 있다. 그들에게 맞춤형 과외를 하듯이 자유민주주의체제에서 살아가는 방법을 알려줄 수 있을 것이다. 남북한 사회의 연결고리로 이만한 위치에 있는 사람들은 없다. 북한이탈주민을 통일 사업의 주요 첨병으로 활용하여 남한 사회를 교육해주는 전도사의 임무를 맡길 수 있다는 것이다. 그렇게 하려면 북한이탈주민들의 생활을 안정시키고, 이들을 교사로서 재교육하고 충분히 지원해줄 수 있는 통합된 단체가 있어야 한다.

'통일은 대박'이라는 솔깃한 구호가 공허한 메아리가 되지 않도록 하기 위해서는 이렇게 북한이탈주민을 활용하여 남북 간의 갈등을 줄이는 것과 같은 실질적이고 실천적인 준비부터 충실히 해야 할 것이다.

06

다문화 가정, 새로운 가능성으로 바라보기

언제부터인가 우리 사회에 다문화 가정이라는 용어가 자리잡기 시작했다. 이제 본격적으로 우리도 다양한 인종, 다양한 국적, 다양한 문화를 가진 사람들과 더불어 살아가는 사회 속에서 갈등 없이 함께 어울려 살기 위해 고민해야 하는 시대를 맞이한 것이다. 그렇다면 어느새 친숙한 용어가 된 다문화란 무엇일까? 그 개념부터 구체적으로 살펴보자.

다문화란 서로 다른 생활양식을 공유하는 문화 집단이 하나의 정치 공동체 안에 함께 존재하는 상태를 말한다. 서로 다른 문화 집단은 어느 방식의 소통이 더 지배적인 지위를 차지하느냐에 따라 권력관계를 형성한다.

문화적 다수와 소수는 첫째 구성원의 숫자, 둘째 의미와 상징을 만들어내고 유통하는 힘으로 구분된다. 이렇게 떠오른 다수의 지배적인 문화는 문제해결 방식과 소통의 방식을 독점함으로써 배타적인 지위를 누리면서 세계에 대한 다른 방식의 해석이 등장하고 소통되는 기회를 쉽게 허락하지 않는다.

다문화는 문화의 충돌, 문화의 흡수 동화, 문화의 혼종이라는 세 가지 전개 양상을 띤다.

다문화주의를 정의 내리자면, 먼저 서술적 정의로는 자본과 노동의 세계화에 따른 새로운 인종, 종교, 문화의 유입으로 동질적이었던 국민국가가 다양한 기준에 의해 분화돼가는 현상이다. 이 관점에서 보면 오늘날 모든 국민국가는 다문화 사회로 이행하는 중이다.

규범적으로 정의 내리자면, 다문화 사회로 이행하는 정치 공동체에서 전통적인 사회경제적 차원의 균열 이외에도 인종, 문화, 종교를 중심으로 한 균열이 사회 구성원의 행복과 자아실현에 큰 영향을 미친다는 점을 인정하고 그들이 요구하는 공공 영역에서 문화적 인정과 문화적 생존 요구를 적극 지지하기 위해 다양한 방법을 통해 정체성의 정치를 시행하고 지지하는 것이다.

현재 한국에서 다문화는 결혼 이민과 관련된 한정적인 의미로 사용된다. 특히 '다문화 가족 지원법'은 출생·인지·귀화로 인한 한국인과 결혼 이민자로 이루어진 가족, 인지·귀화로 인한 한국인과 출생·인지·귀화로 인한 한국인으로 이루어진 가족만을 지원 대상의 범주에 넣어 외국 국적의 이주노동자 가족은 포함되지 않는다. 따라서 다문화의 포괄적인 본래 의미를 회복하거나 외연을 확장할 필요가 있다.

외국의 사례를 살펴보면, 캐나다는 유능한 이민자들을 유인하기 위해 미국의 사적 영역에 국한된 다문화주의와 대비하여 자국의 개방적인 다문화주의를 자신만의 브랜드로 삼았다. 유럽연합은 캐나다의 다문화주의 브랜드와 차별하기 위해 자신들의 브랜드를 상호문화주의라고 표방한다. 상호문화주의는 다문화주의의 분절적 성격보다 유럽 전통의 세속주의, 사회통합, 상호 호혜를 강조한다.

상호문화주의의 특성은 크게 4가지로 규정할 수 있는데, 첫째 민주주의 기본 이념 존중, 둘째 이민자 고유 정체성을 유지하고 권리를 보장하는 다양성의 존중, 셋째 제도적 참여 권리의 보장, 넷째 동시에 이민자의 의무 이행을 강조하는 것이다.

우리나라 역시 이러한 외국의 경우를 참고하여 다문화주의, 상호문화주의를 넘어서는 한국적 이민국가 또는 한국적 다문화주의에 대한 브랜드를 창출할 필요가 있다.

다문화 가정에 대한 교육 지원도 사회통합위원회에서 주요 사업으로 다루었다. 다문화 가정 구성원이 140만여 명인데 이 구성원들이 한국 사회에 적응하지 못하여 사회적으로 큰 문제가 되는 실정이다.

이를테면, 동남아 등지에서 온 다문화 가정의 구성원들은 아이가 태어나면 한국에서 학교에 다니는 데 비용이 많이 드므로 경제적인 어려움을 극복하지 못하고 아이들을 본국으로 돌려보내서 일정 기간 교육을 받은 후 한국에 다시 들어오게 하는 방법을 많이 쓰고 있다. 그런데 이렇게 하다 보니 그 아이들이 한국어도 잘 못하고, 한국 사회에 적응하지 못하여 한국 사회 각지에서 이러저러한 마찰을 일으키게 되었다.

이런 문제를 해결하기 위해 유럽 4개국을 순방하며 바람직한 다문화 사회를 연구하고, 한국의 다문화 가정에 한국어와 한국 문화를 가르치기 위해 힘썼다. 외국 순방을 통해 얻은 결실을 돌이켜본다.

2012년 5월 21일, 처음으로 찾아간 나라는 네덜란드였다. 네덜란드에 도착해서 암스테르담 대학교 사회과학연구소의 한 부문인 IMES(네덜란드 암스테르담 대학교 이민과 인종연구소)를 방문했다. 이 연구소의 공동의장들(올가 세즈네바Dr. Olga Sezneva, 바락 칼리르Dr. Barak Kalir, 플로리스 베르메울렌Dr. Floris Vermeulen)과 나눈 면담을 통해서 많은 것을 생각하는 계기가 되었는데, 그 요지를 정리하면 크게 4가지 정도로 요약해볼 수 있다.

첫째, 제1언어가 중요하다는 것이다. 이중 언어 정책을 시행하는 것은 현실적으로 어려우므로 이민 1세대가 제1언어를 잘해야 하며 그러기 위해 언어교육 과정을 유료화하면 안 된다.

둘째, 국제결혼은 이민 문제를 넘어 국제결혼을 한 여성의 인권과 관련된 여성 문제로도 보아야 한다.

셋째, 다문화주의의 정의는 어렵다. 다양한 정체성을 인정하고 지원하는 정책을 시행하되, 다문화주의가 계층 문제를 희석하는 위험을 주의해야 한다.

끝으로, 방임형의 다문화주의에서 쌍방향으로 교류하는 상호문화주의로 점차 전환하는 추세며, 그러기 위해 다양한 상호문화주의 프로그램을 개발해야 한다는 사실을 알게 되었다.

이후 CEC(암스테르담 문화교육센터)를 방문하여 이사장과 사무총장을 면담했다. 그곳에서도 몇 가지 아이디어를 얻을 수 있었다.

탁월한 능력을 발휘하는 자원봉사자를 발굴하여 직원으로 활용할 수 있다는 것을 알았고, 이민자에게 언어교육은 사회통합을 위해 매우 중요하다는 것을 다시 한 번 확인했다. 국적취득시험이 너무 쉬워도 문제가 되므로 질적인 관리를 해야 한다는 것도 알게 되었다. 한편 '농촌 총각 배우자 찾아주기'와 같은 네덜란드 TV 프로그램이 성공한 것도 이민자 문제에 관한 인식을 상승시키는 데 도움이 되었다고 한다. 단 농촌을 현대화하는 농촌 자체의 문제도 해결해야 하는 숙제가 남아 있다. 끝으로 '국민 대학'을 개방적으로 운영하여 내국인을 위한 평생교육의 장은 물론 외국인들을 꾸준히 교육할 수 있는 공간으로 활용하는 것도 좋은 방안이 될 수 있다.

CEC에서 하룻밤을 해결하고 2012년 5월 22일 특급열차를 타고 벨기에로 가서 반인종주의센터를 방문했다. 이곳에서는 이사회 회장, 법률고문과 면담을 나누었다. 여기서 얻게 된 아이디어를 정리하면 다음과 같다.

이들과 여러 논의를 하면서 이민에 대해서는 사회적 합의가 전제되는 것이 중요하다는 것을 깨달았다. 캐나다는 이민에 대한 사회적 합의가 이루어져 있었기 때문에 이민자가 사회통합을 저해하지 않았다. 하지만 벨기에에서는 일부가 이주 정책에 반대했기 때문에 이런 문제가 불거진 것으로 보였다. 한국 사회도 마찬가지다. 이주 정책에 반대하는 움직임이 곳곳에서 드러났다. 여기에 대해 사회적 토론을 통해 논의를 통일시키는 것이 중요하다.

유럽연합의 11가지 원칙(아래 박스 참조)의 첫 조항에 따르면, 양방향 통합이 중요하다. 즉 이민자와 이루는 사회통합은 대개 이민자만의 문제로 여기는데, 받는 나라가 어떻게 환영하느냐도 그만큼 중요하다는 것이다.

이외에도 노동, 거주, 교육에서 진정한 참여가 이루어지도록 고무해야 하며, 아이들에게 언어교육을 의무화해야 한다. 이민자 교육은 비용이 아니라 사회에 대한 투자라는 발상의 전환이 필요하다.

2012년 5월 23일 오전에는 유럽연합 집행위원회 내무부를 방문하여 내무부 대표와 관계자를 면담했다. 여기서 유럽연합이 내세우고 있는 11가지 공동 기본 원칙을 확인하는 시간이 있었다.

유럽연합의 이민자 통합 정책 수행을 위한 11대 공동 기본 원칙(요약)

1. 통합은 이민자와 현지인 사이의 역동적인 양방향 과정이다.
2. 통합은 유럽연합의 기본 가치에 대한 존중을 내포한다.
3. 고용은 통합에서 가장 중요하며 이민자들의 사회 기여를 보여줄 수 있

는 핵심이다.

4. 이민자가 언어, 역사, 제도에 대한 기초지식을 습득하는 건 통합에 필수적이다.
5. 교육은 이민자와 자녀가 성공적으로 사회에 참여하도록 하는 데 필수적이다.
6. 이민자가 차별받지 않고 각종 자원과 서비스에 접근하는 것은 통합을 위해 중요하다.
7. 이민자와 현지인 간의 빈번한 상호작용은 통합을 이루는 기본 메커니즘이다.
8. 다른 불가침의 권리나 국가법과 갈등하지 않는 한 문화와 종교 실천은 보장된다.
9. 이민자들이 통합 정책 수립에 참여하는 것은 통합에 도움이 된다.
10. 통합 정책이 주요 사항이 되는 것은 공공 정책에 중요한 고려 사항이다.
11. 명확한 목표, 지표, 평가 방법을 발전시키는 것은 정책 조정에 필수적이다.

출처 : 〈동아일보〉 2012년 8월 27일자

이 원칙을 간단하게 요약하자면, 통합 노력은 쌍방향으로 이루어지는 것이며, 통합 과정에서는 자유민주주의적 가치를 근거로 타 문화의 가치를 존중한다는 것이다.

같은 맥락에서 이민자에게 민주주의 사회 시스템에 대해 통합적인 교육을 해야 하며, 통합을 위한 주요 경로로 교육, 노동시장, 다양한 지역 프로그램을 가동해야 할 필요성을 깨달았다.

이날 오후에 브뤼셀에서 파리로 향하는 특급열차에 몸을 실었고, 다음 날인 24일 오전 프랑스 고등통합위원회에서 위원장과 사무총장을 면담하였다.

프랑스는 이민자에 대한 자국의 모습을 객관적으로 보려고 노력했다. 자신들이 가진 모델에 대한 신뢰가 있는 이민자들을 포용하고 존중하며 정체성을 공유하기 위해서였다. 이러한 노력의 하나로 이민 역사를 교과서에 반영했는데, 놀랍게도 프랑스 역사의 부정적인 면까지 교육하여 사회통합의 중요성에 대한 인식을 강화하였다. 말로만 세계화를 부르짖을 뿐 자칫 민족국가 이기주의에 빠지기 쉬운 현대사회에서 이런 면은 분명히 배울 점이 있다고 생각했다. 이주민에 대한 언어교육 기관을 민간에 아웃소싱 하는 것, 이주민 정책과 빈민 정책을 결합한 것도 독특했다. 어린 이민자들에 대한 교육을 중요하게 여기고 자국의 정체성과 조화되는 범위 내에서 문화적 다양성을 존중한다는 그들의 주장은 일반적이지만 다시 되새겨볼 만했다.

같은 날 오후에는 다시 일정을 재촉하여 프랑스 내무부 통합국을 방문하여 국장과 부국장을 만나 이야기를 나눴다. 그들은 이민자에게 의무적으로 시민교육을 해야 한다고 주장했으며, 어학교육에 대해 민간기관, 시민단체와 협력하여 추진하는 방안을 이야기했다. 지역구 단위의 사회통합 정책으로 이민자 통합을 위한 지역 프로그램을 운영하는 중이다. 순수 자문기관으로서 고등통합위원회와 통합 정책을 관리하는 집행기관으로서 내무부 산하 통합국을 분리해 운영하였다. 역할분담과 책임 소재를 분명히 하는 것이 주목할 만했다.

5월 25일, 에어프랑스 편으로 파리에서 베를린으로 향했다. 그곳에서 독일 이민·난민·사회통합 대표부를 방문하여 차관, 언론담당관을 만나 면담했다.

이들 역시 유럽연합이 제시한 기본 원칙에 따라 통합 문제는 이주민과 독일인 쌍방이 노력하는 것이 중요하다고 강조했다. 이민자 통합코스를 설립하여 운영하였는데 독일어, 문화, 역사 등이 포함되어 있었다. 2009년에 통합이 잘되는지 점검할 수 있는 64가지 지표를 만들어 계속해서 모니터링하는 것도 배울 점이었다. 언어교육 거부자에 대해서는 패널티를 주는 것을 보고, 선진국들이 다문화 가정 통합에서 언어를 얼마나 중요하게 생각하는지 분명히 각인하게 되었다.

이렇게 네덜란드, 벨기에, 프랑스, 독일까지 유럽 4개국을 순방하면서 선진국이 얼마나 이민자, 다문화 가정 통합에 정책적 비중을 크게 두고, 노력하는지 알 수 있었다. 이민자에 대한 역사가 깊은 그들의 선도적인 정책이 우리나라에 시사하는 바가 컸고 배울 점 또한 많았다.

독일의 랄프 게벨 이민·난민·사회통합대표부 특임장관실장은 "언어시험에 엄격한 의무를 부과하는 것은 언어가 사회통합에 필수 요소이기 때문”이라고 했다.

선진국이 그동안 이민자들과 갈등하고 통합하는 과정에서 얻은 모든 교훈을 분석하고 선별하여 우리 실정에 맞게 체계화해야 할 것이다. 그중에서도 핵심적인 것만 이야기하자면 무엇보다 쌍방향으로 노력해야 한다는 것과 언어교육은 아무리 강조해도 지나치지 않다는 것이다.

근래에는 삼성꿈장학재단 이사장으로 있으면서도 다문화 배움터라고 해서 다문화 가정 학생들의 학력을 증진하는 데 지원을 아끼지 않는다.

대표적인 것들을 살펴보면, 먼저 한국어 교육이다. 캄보디아나 필리핀 등지의 아이들은 생활비가 저렴한 본국에 있다가도 한국어를 배울 만한 8세 정도의 나이가 되면 한국으로 온다. 삼성꿈장학재단에 교육을 신청하면 노래를 이용하는 등 한국어를 쉽게 배울 수 있는 프로그램을 만들어서 가르친다.

멘토와 멘티를 통한 인성교육도 하는 중이다. 멘토와 멘티가 다 같이 교육을 신청한다. 그 과정에서 학생과 교사가 함께 프로그램을 기획해서 신청하고, 멘토와 멘티 관계가 형성되면 함께 토론도 하고 인성교육도 한다. 비용은 4개월에 한 번씩 지원하는데, 자금을 학생에게 직접 전달하는 것이 아니라 교사에게 줘서 교사와의 상의하에 지원받게 되어 있다. 이렇게 교사와 학생이 커뮤니케이션하는 과정에서 친밀감이 생기고, 자연스럽게 인성교육도 되는 것이다.

이런 여러 프로그램들이 우리 사회의 갈등을 줄이는 데 크게 이바지할 것임은 분명하다.

우리나라 체류 외국인 숫자가 2011년 말 기준 141만 명으로 전체 인구의 약 3%에 달한다. 이런 상황을 맞아 지난 20년 동안 수행해온 다문화 사회통합 정책의 종합적인 평가 및 대안에 대한 검토가 필요하다.

먼저 다문화 정책과 사회통합 정책을 둘러싼 중앙정부 간의 정책 중복이나 정책 조정 문제, 지방정부의 정책 사례 평가 및 중앙과 지방정부 사이의 역할 분담 등 제도적 대안 검토를 통해 효율적인 정책 모델을 제시해야 한다.

그리고 이주 노동자, 결혼 이민자, 다문화 교육, 이민법과 국적법 등 구체적인 정책 분야의 세밀한 정리 및 평가를 통해 기존의 성과를 분석하고 새로운 정책 방향과 대안을 제시해야 한다.

마지막으로 우리나라 다문화 및 사회통합 정책의 성과 및 한계를 아시아와 유럽의 다른 국가 사례와 비교 검토하여 장단점을 파악하고 이후 정책 방향을 예측하고 먼저 대응해야 할 것이다.

필자가 사회통합위원회에 있을 때 이러한 인식을 바탕으로 한국 다문화 정책의 목표, 대상, 대상에 따른 사회통합 개념, 추진 체계, 법령 등에 대한 체계적인 검토와 정책적 대안을 도출하기 위한 연구 용역을 추진하고, 관련 분야 전문가, 정책 대상자, 해당 부처 관계자와 일반 국민 의견을 듣기 위해 공개토론회를 개최했다.

이렇게 논의하고 연구한 결과는 다음과 같다.

첫째, 다문화 정책에 새로운 방향을 설정해야 한다는 것이다. 오늘날 소수집단의 문화적 권리는 보편적 인권으로 자리잡고 있기 때문에 적극적인 인식과 대응이 필요하다. 최근에는 이주민의 권리에 대해 선진 이민국가들 역시 시민권의 자격과 통합을 중시하는 거주지주의와 동화주의로 결론을 내리는 추세다. 다문화주의적 통합이란 시민통합과 차별 금지를 통해 소수집단을 배려하면서 궁극적으로는 통합을 강조하는 방향으로 나아가야 한다는 것이다. 이론과 담론, 정책 측면에서 서구도 이러한 방향으로 변화하는 중이다.

한편 유럽연합이 캐나다의 개방적인 다문화주의 브랜드와 차별화하기 위해 자신들의 브랜드로 상호문화주의를 사용하는 것처럼 우리나라도 다문화주의 또는 상호문화주의를 넘어서는 한국적 이민국가 또는 한국적 다문화주의 등 새로운 브랜드를 창출해야 할 것이다.

한국에서 소수자의 요구는 다문화의 권리보다 자유주의적 권리에 근거하는 편이다. 아직 우리 사회가 소수의 문화적 차이를 본격적으로 인정하기보다는 사회경제적 평등과 자유주의적인 보편적 인권 문제로만 초점을 맞춘다는 것이다.

국민국가의 경계는 재분배의 사회적 정의가 이루어지는 공간으로 아무나 이 경계를 횡단할 수 없다. 따라서 다문화 사회통합 정책은 국민국가의 경계가 갖는 중요성을 인정하고, 재분배의 정치학에 기반을 두어 사회적 연대를 통해 정치적 정당성을 보장하는 정책을 만들어야 한다.

이주민을 비롯한 사회적 소수의 문제는 우리 사회의 민주주의의 심화 과정과 발맞춰서 진행해야 한다. 지금까지의 온정적 시혜보다는 다수 문화와 소수 문화가 상호 존중하는 방향으로 이행해야 한다는 것이다.

고려대학교 정치외교학과 김남국 교수는 "다문화와 이민 정책의 방향을 명확히 정해야 한다. 세계적 추세를 고려해 일방적인 시혜가 아니라 상호 존중하는 방향으로 가야 한다"라고 말했다.

이처럼 사회통합의 기준은 다수와 소수가 합의할 수 있는 민주적 가치에 기반을 두어야 한다. 소수자 정치적 대표의 대표성 보장, 다양한 문화의 공존 속에서 민주적 개인성과 시민적 책임성의 유지가 사회통합의 핵심 원칙이라 할 수 있다. 소수문화, 종교, 언어 등은 존중되어야 하지만 민주적 개인성과 시민적 책임성 문제를 고려한 정책이 필요할 것이다.

둘째, 중앙정부의 정책에 대한 것이다. 한국의 특수성을 반영한 장기적·거시적 이민 정책 로드맵 구축을 위해서는 앞으로 우리나라 이민 수요에 대한 종합적인 고려가 전제되어야 한다.

이민 정책의 큰 틀과 관리 및 협의의 사회통합 업무는 중앙정부가, 구체적인 지원 업무는 지방자치단체가, 더 실질적이고 일상적인 지원은 민간단체와 협력하여 수행해야 한다.

중앙부처 가운데 이민을 담당하는 부서는 규정된 법에 따라 이민 관리와 협의의 통합 지원을 담당해야 한다. 기존의 다른 부처들과 지방자치단체에서는 광의의 사회통합 지원을 내·외국인 차별 없이 해당 기준에 맞게 담당하는 것이 필요하며, 특히 지방자치단체의 역량 강화가 긴요하다.

셋째, 지방정부의 정책은 어떠해야 하는가? 우리나라 다문화 사회통합 관련 정책은 대부분 중앙정부가 주도적으로 나서서 입법, 행정체계 등을 확립한 후 지방자치단체가 이를 따라가는 방식으로 이루어진다. 그러나 여전히 지방자치단체의 인력 부족 및 자율적인 권한과 예산 확보 등의 문제를 해결하는 데에는 어려움을 겪고 있다.

같은 업무를 담당하는 지방자치단체 간 협력에 기반을 둔 사업들이 발굴되어야 한다. 외국인 정책을 두고, 광역단체와 기초단체가 각각의 단위 사업 특성에 맞게 사업을 선정해서 추진해야 한다. 다시 말해 광역단체 혹은 기초단체 중 어느 단체에서 시행하는 것이 바람직한지 판단한 후 한 단위에서 진행하도록 선택하여 집중적으로 추진하는 것이 필요하다.

이러한 연구 결과들이 국가의 정책으로 잘 반영되어 다문화 가정에 실질적으로 많은 보탬이 되길 바란다.

현재 우리나라는 근로자 이민을 받지 않는다. 노동자 이민은 5년이 한계이기 때문에 5년이 지나면 본국으로 돌아갔다가 다시 들어와야 하는 등의 어려움이 있다.

다문화 가정은 현재 결혼을 통해 많이 형성되는 실정이다. 요즘 국제결혼이 많아져서 다문화 가정이 많이 만들어지는데, 이들을 위한 한국 문화, 한국어에 대한 교육은 제대로 이루어지지 않고 있다. 한국 사회를 제대로 알리기 위해서는 교육을 제대로 해야 한다.

캄보디아, 필리핀, 태국 등의 나라에서 한국으로 와서 생활하면 노동만 힘들게 하고 한국에 대한 교육은 제대로 받지 못하기 때문에 소외감을 느끼고 한국 사회에 불만이 쌓여가는 것이다. 이런 일들이 계속되면 갈등이 축적되면서 우리 사회의 불안 요소로 남아 한국 사회를 위협할 것이다.

따라서 이들에게 거의 반강제적으로라도 우리 사회에 적응하여 함께 어울릴 수 있도록 한국 사회에 대해 교육해야 한다. 특히, 다문화 가정의 이민자 주부들의 경우 가사노동에만 매달리게 할 것이 아니라, 교육을 받으러 오는 데 필요한 차비를 지원해서라도 기본적으로 한국어를 가르치고, 다음으로 한국 문화를 알려야 한다.

현재 한국 사회에서는 이들에게 가사노동만을 강조하지 말고, 교육의 기회를 갖도록 적극 지원해야 한다. 국가가 직접 나서서 이들을 배려하는 정책을 펼쳐야 한다. 그것이 다문화 가정으로 비롯된 갈등을 극복하는 데 너무나 중요한 일이다. 민간인 삼성꿈장학재단에서 하는 배움터 교육 같은 것이 국가적인 주요 정책으로 입안되어 추진되어야 한다는 것이다.

결론에 갈음하여 개인적인 욕심으로는 북한이탈주민과 다문화 가정을 합쳐서 집중적으로 지원하는 행정기관을 하나 만들었으면 좋겠다. 지금 다문화 가정의 구성원이 140만 명에 이르고, 북한이탈주민도

2만 5000명에 달하니 이들을 관리하는 독립적인 행정기관을 만들 수 있는 근거는 충분하다.

현재 북한이탈주민은 경찰과 각 시도군 지방자치단체가 관리한다. 통일부, 보건복지부, 경찰서, 국정원 등의 모든 기관과 연계해서 관리해야 하는데, 실질적 주체는 지방자치단체이니 관리가 쉽지 않다.

다문화 가정 역시 이러한 실정은 마찬가지다. 여성가족부, 보건복지부, 법무부 등이 다 연계되어 있는데, 그 책임 소재가 분산되어 있다 보니 원활한 관리가 되지 않는다. 이러한 관리 체계를 통합해서 일사불란하게 지원할 수 있는 지원 전달 체계를 확립하는 것이 시급하다.

필자가 사회통합위원장으로 있을 때, 북한이탈주민에 대한 애정과 관심이 깊어 이들을 관리할 수 있는 행정기관을 만들려고 건의했다 무산된 적이 있다. 그렇다면 북한이탈주민과 다문화 가정을 합쳐서 관리하는 행정기관을 만들고, 지원 및 전달 체계를 확립한다면 괄목할 만한 훌륭한 성과를 낼 수 있을 것이다. 이렇게 유효적절한 행정기관을 신설하는 것은 소위 '철밥통'이라고 부르는 부서 이기주의를 극복할 수 있는 좋은 방편이기도 하다.

07

한국적 사회통합 패러다임이 절실하다

지금까지 언급한 갈등과 사회통합의 과제와 제안들을 총정리하는 차원에서 한국이 지난 역사 동안 경험했던 사회통합의 경험을 되돌아보고, 한국적 사회통합이란 무엇인가에 대해 생각해보는 시간을 가져보자.

반만년의 역사 속에서 한민족은 수많은 외침과 고난을 극복해왔다. 20세기에 들어서도 일제에 의한 한일합방, 한국전쟁 등을 겪었다. 그럼에도 한국은 수많은 위기를 극복하고, 눈부신 산업화와 민주화를 50여 년 만에 함께 달성하는 놀라운 저력을 보여주었다.

현대에 와서도 대한민국은 1997년 IMF 위기 당시 금 모으기 운동, 2008년 미국발 금융위기에 대한 민첩한 대응 등을 통해 한국인의 위기극복 저력을 다시 한 번 보여주었다.

하지만 압축 성장의 부작용으로 사회 각 부문에 갈등이 고조되면서 선진국으로 가는 걸림돌로 작용한다.

이에 사회통합위원회는 우리 역사 속 사회통합 프로젝트를 진행하여 국민의 자긍심을 고취할 수 있도록 하고, 사회통합의 성공 사례와 실패 사례를 직접 방문하여 현장 전문가의 해설을 통해 확인할 기회를 마련하였다. 한편으로는 세계화 시대에 희박해져가는 역사의식을 바로 세우고자 하였다.

우리 역사 속 사회통합을 주제로 관련 학계 원로, 권위자, 중진 연구자들로 연구진을 구성하여 7회의 강연 및 역사 현장 탐방, 2차례에 걸친 토론회를 수행하였다. 그 속에 담긴 내용을 간략하게나마 살펴보는 것이 흥미로운 일이 될 것 같아 여기에 정리해본다. 4월에서 7월, 9월에서 11월까지 매월 하나씩 총 7개의 주제로 진행하였다.

4월의 주제는 '삼국통일에서 사회통합 읽기'였다.

7세기 삼국 간의 항쟁은 치열했다. 따라서 신라에 의해 삼국이 통일된 직후의 가장 중요한 과제는 민족의 융합이었다. 삼국 공통의 종교였던 불교는 민족 융합에 절대적 공헌을 했다. 백제 출신의 경흥을 통일신라 최초의 국사로 삼았던 것도 국민의 융합을 위한 훌륭한 선택이었고, 통일 직후에 창건된 부석사를 중심으로 화엄 사상을 전개한 의상 또한 사회통합에 공헌했다. 화엄 사상의 가장 큰 특징이 모든 존재의 공존과 화합을 강조하는 것이었기 때문에 세 민족을 아우르는 사회통합의 가치와 아주 잘 맞아떨어졌던 것이다.

5월의 주제는 '고려의 건국과 왕건의 사회통합'이었다.

후삼국의 건국자였던 견훤, 궁예, 왕건 중 왕건이 가장 늦게 출세하였으나, 최종 승리는 왕건에게 돌아갔다. 특히 왕건은 자웅을 겨뤘던 견훤에 비해 여러 조건에서 불리한 위치에 있었지만 결국 견훤을 누르고 후삼국을 통일할 수 있었다. 가장 큰 요인은 다른 이들이 전쟁의 승리에만 신경을 쓸 때 왕건은 백성의 마음을 얻는 데까지 마음을 썼기 때문이다. 왕건은 통일된 국가의 국왕이 되기 위해서는 사회통합의 가치가 얼마나 중요한지 본능적으로 알고 있었던 것이다.

6월의 주제는 '세종의 문화 리더십과 사회통합'이었다.

세종의 한글 창제는 백성과 소통하려는 뜻에서 비롯됐다. 한글은 양반이나 지배층을 위한 글이 아니었다. 아무리 좋은 정책을 베풀고 세제를 감면하고 농기구를 만들어도 한문을 모르는 백성과 소통하기 어렵다는 것을 안타깝게 여긴 세종이 국민과의 원활한 소통의 길을 열기 위해 만든 것이 한글이었다.

세종은 공론화 과정을 중시했다. 다양한 방식으로 소통하고 의견 수렴을 하는 데 적극적이었다. 시사視事, 경연經筵, 윤대輪對 등을 적절히 활용했는데, 시사는 왕이 정부의 핵심 부서로부터 보고를 받고 결재하는 일이었고, 경연은 신하들과 결정에 적용할 원리와 선례를 연구하는 것이었으며, 윤대는 하급 관리로부터 실무에 관한 보고를 듣는 것이었다.

7월의 주제는 '영조의 탕평책과 사회통합'이었다.

노론과 소론의 성격에 대해 한국외국어대학교 명예교수인 이은순 선생이 발표하였다. 백호 윤휴의 학설사정學說邪正, 회니논쟁懷尼論爭, 신임의리론, 건국 사관에 대한 인식의 차이에 대한 발표가 있었다. 이어서 국사편찬위원회의 이영춘 선생이 영조 때 탕평책의 사회통합적 의의에 대해 발표했다. 탕평책의 배경, 추진 과정, 의의에 대해 강의를 한 것이다.

근래에도 탕평인사라는 말이 쓰일 정도로 탕평책은 상징적인 의미가 있는 정책이었다. 탕평책은 어느 한쪽에 치우치지 않는 불편부당不偏不黨한 정치를 함으로써 당쟁을 해결하고 화합을 이룩하기 위한 정책이었다. 일각에서는 결국 노론의 집권으로 끝났다는 점에서 한계가 있었다는 주장이 제기되어 열띤 토론이 펼쳐지기도 했다.

9월의 주제는 '상인의 나눔 정신, 김만덕'이라는 주제였다.

세종대학교 오성 교수의 신의와 소통의 상도, 개성 상인이라는 주제의 발표가 있었고, 이어 제주대학교 김동전 교수의 조선 후기 제주 상인 김만덕의 나눔 정신과 사회적 통합의 의의가 진행되었다.

봉건시대 여성의 몸으로 거부를 이루고 제주도에 흉년이 들었을 때 사재를 털어 450여 석의 곡식을 관아에 기부한 김만덕의 모습을 통해 대한민국 노블레스 오블리주의 모습은 어떠한가에 대해 알 수 있게 하였다. 발표 이후 발굴 중인 김만덕의 객주 터, 모충사에 자리 잡은 김만덕 기념관 답사가 이어졌다.

10월의 주제는 '국채보상운동과 사회통합'이었다.

충남대학교 국사학과 김상기 교수의 '국채보상운동과 사회통합'이라는 주제로 강연이 진행되었다. 수많은 대중은 자신들이 국가의 주인이라는 생각으로 국채보상운동에 참여하였고, 이런 과정을 통해 민족공동체 의식을 더욱 일깨우게 되었다. 이 운동이 전개된 1907년 2월부터 5월이라는 시기는 의병 항전이 정체되어 있던 시기다. 그런데 국채보상운동을 계기로 1907년 8월 군대 해산 직후 의병 항전이 들불처럼 크게 일어났다. 이처럼 국채보상운동은 이후 전개된 독립운동의 정신적·인적 기반이 되었으며, 세계사에 유례를 찾기 어려운 한국인의 문화적 전통이 되었다.

11월의 주제는 '신간회와 사회통합'이었다.

사회통합위원회는 11월 28일 평택시 남부문예회관에서 40여 명의 학생과 시민이 참가한 가운데 우리 역사 속의 사회통합 11월 행사, '신간회의 통합 정신'을 진행하였다. 곧이어 민세기념사업회 관계자의 안내로 신간회의 주역인 민세 안재홍 일가를 탐방하였다.

당대 최고 문필가며 언론인, 사상가였던 민세 선생의 서재와 툇마루를 둘러보고 그분의 체취를 느낄 수 있었다. 서재의 벽에는 다석 유영모 선생의 제자인 김흥호 선생이 직접 쓰신 홍익인간弘益人間이라는 현판이 붙어 있었다. 납북되어 근래에야 복권된 안재홍 선생의 정신과 사상을 더욱 깊이 연구해야 함을 느꼈고, 후학들의 노력으로 전집이 간행될 것이라는 소식은 더욱 반가운 것이었다.

이렇게 2011년 한 해 동안 행해진 역사 속 사회통합 프로젝트는 그 결과물을 책자로 만들어 많은 국민에게 널리 배포하고 알리는 것으로 끝을 맺었다. 2012년 1월에는 〈우리 역사 속의 사회통합〉을 발간하였고, 2012년 12월에는 국민이 더욱 쉽게 읽을 수 있는 청소년판 단행본을 발간하여 전국 중고등학교 5600여 곳에 배포하였다.

이렇게 우리 한민족에게는 사회통합을 위한 우리 자신만의 고유한 전통과 노력이 있었다. 현대의 복잡다단한 갈등을 해결하기 위해서는 한국 사회에 맞는 새로운 통합의 모델이 필요하다. 필자가 사회통합위원회에서 많은 연구진과 깊이 고민하고 연구한 결과로 만든 한국적 사회통합의 새로운 패러다임은 크게 다음 4가지 차원으로 정리할 수 있다.

첫째, 정책으로서의 사회통합이다. 이익 갈등은 구체적 정책 대안으로 접근할 때 갈등이 완화되고 해소될 수 있다. 즉 갈등의 사회구조를 개선하기 위해 사회 양극화를 해결하는 일자리 중심, 대기업과 중소기업의 상생, 사회안전망 확대 정책 등을 추진하는 것이다. 이미 표출되고 있는 갈등 사안에 대해서는 맞춤형 정책 대안을 발굴해야 한다. 반면 가치 갈등은 서로 충돌하는 경제주의와 생태주의(환경 갈등), 공동체주의와 개인주의(세대 갈등)의 공존을 승인하는 사회분위기를 조성해 나가야 한다.

둘째, 협약으로서의 사회통합이다. 특히 계층 갈등, 이념 갈등이 결합한 노사 갈등에는 역사적 대타협으로서의 사회 협약 추진이 효과적이다. 전통적 사회 협약의 대표적인 예로는 네덜란드의 바세나르 협약(1982년)을 들 수 있다. 1990년대 이후의 경쟁적 사회 협약은 다수 이해 관계자가 정책 조정 과정에 참여하여 국제 경쟁력과 사회적 타협을 동시에 추구하는 방법이다.

셋째, 시스템에 의한 사회통합이다. 먼저 예방적 갈등 관리 시스템을 구축해서 사후대처보다 사전예방에 주력해야 한다. 또한 시민 참여 거버넌스로서 참여적 정책 형성을 위해 정부, 민간 전문가, 시민단체 간의 정책 네트워크를 구축하는 방법이다. 그래도 발생하게 되는 갈등에 대해서는 합리적 해결 프로세스를 구축해야 한다. 미국 등 외국에서 선호하는 중재 조정, 공론 조사, 시민 합의 회의 등 대안적 갈등 해결 시스템을 도입하는 것이다.

넷째, 문화로서의 사회통합이다. 사회 구성원들이 자기 성찰과 공동체 가치를 추구하는 시민문화를 형성하는 것이 중요하다. 개인주의를 존중하되 더불어 사는 민주적 공동체 문화 풍토를 조성해나가야 한다. 여기에 시민사회의 역할이 중요하다. 흑백논리의 소모적 논쟁을 지양하고, 합리적 의사소통을 통해 문제해결에 접근하는 대화민주주의의 학습, 훈련이 필요하다. 그리하여 권리와 책임을 공유하고 타협과 공존을 위한 관용의 문화를 정착시켜나가야 한다.

이러한 사회통합의 패러다임이 실현되기 위해서는 지도층의 의지가 가장 중요하다. 우리 역사 속 사회통합 강연의 7월 주제이기도 했던 탕평책의 '탕평'이라는 말은 《서경書經》 〈홍범조洪範條〉의 "무편무당왕도탕탕 무당무편왕도평평無偏無黨王道蕩蕩 無黨無偏王道平平"이라는 글에서 유래하였다. 편과 당을 짓지 않으면 왕도가 평안하다는 말이다.

한국적 사회통합의 패러다임을 실천하기 위해서는 무엇보다 먼저 지도층이 특정 세대, 이념, 계층은 물론 자신의 정치적 이익까지 넘어서서 어떤 편과 당에 치우치지 않는 공평무사한 마음가짐으로 국민을 이끌어야 할 것이다.

소통경제를 실현하자

엄길청, 경기대학교 서비스경영전문대학원 교수

세계적으로 미국의 금융위기, 유럽의 재정위기, 신흥국가의 실물경제 부진 등의 문제로 다들 염려와 걱정이 큰데, 최근(2012년) 세계적인 신용평가 회사 피치Fitch가 일본보다 우리나라의 국가신용등급을 높게 평가했다. 우리가 올라간 것인지 일본이 내려간 것인지, 일부러 올려놓은 것인지 많은 생각을 하게 되었다.

누군가는 지구를 이끌어야 한다. 큰 나라들은 다 문제가 있고, 작은 나라는 힘이 부족하다. 따라서 몇 개의 나라에 일을 시키려는 것이 아닌가 하는 생각도 있다. 한편으로는 감개무량하다. 나는 젊은 시절 종합무역상사의 세일즈맨이었다. 그때는 우리가 물건을 썩 잘 만들지도 못했고, 열심히 판매하려고 하더라도 우리의 브랜드로는 팔기가 어려웠다. 그래서 일본상사 앞으로 팔거나 일본상사의 계좌로 돈을 받고

파는 방식을 썼다. 그때는 내 생에 저들을 따라잡을 일이 있을까 하는 절망밖에 없었다. 요즘과 같은 일이 벌어지리라고는 상상도 못했던 것이다. 하루하루가 다르게 국가의 위상이 달라지고 있다는 것을 느낀다.

이러한 때를 맞아 소통의 경제를 실현하면 더욱 큰 진전이 있지 않을까 생각한다. '사회적 자본'이라는 용어는 한국 같은 시장경제를 가진 나라에서는 사용하기 쉽지 않은 단어다. 하지만 생각해보자. 누구는 장사하고, 생산하고, 직장을 다니지만, 또 다른 누구는 이미 은퇴했거나 몸의 불편함 때문에 소비밖에는 할 수 없다. 그런 사람이 특정한 회사의 물건을 평생 쓴다고 한다면 그 사람은 소비자인가 동업자인가? 그렇다면 그들에게도 배당을 줘야 하지 않겠는가?

이것을 '소비자이윤청구권'이라고 한다. 물론 법률적으로는 없다. 하지만 우리 마음에서는 그런 동요가 우러나오지 않는가? 모든 제도나 법률은 그런 마음에서 나오는 것이다. 소비자가 없는 시장은 없다.

예전에 무슨 캐시백이라는 말이 일종의 소비자이윤청구권의 한 방식이었는데, 좀 더 세련되고 지속적이고 과감해져야 한다. 그렇게 되면 국민 모두 자본가라고 말할 수 있다. 우리는 모두 소비자이기 때문이다. 특히 특정한 제품에 애정을 갖고 신뢰하는 소비자들은 남들에게 그 제품을 알리기도 한다.

금융투자도 같은 맥락에서 이해할 수 있다. 주식에 투자하고, 채권을 사고, 선물을 거래한다고 하더라도 한번 더 생각해보는 것이다. 이 돈으로 그 회사가 어떤 물건을 만들고, 어떤 서비스를 제공하고, 그로써 사회가 어떻게 될지 등에 대해서, 즉 사회책임투자에 대해 생각하는 것이다. 이런 태도로 20년 이상 투자하는 장기투자가 그렇지 않은 투자보다 수익률이 높다.

이윤 극대화라는 말도 자주 들었겠지만, 세상은 지속가능해야 하고 나도 벌지만 남도 벌어야 한다. 이것이 경제적 사회소통의 최대 화두다. 그래서 혹시 가능하다고 하더라도 남의 기회를 빼앗지 말기를 마란다. 경쟁이 꼭 좋은 것만은 아니다. 스위스 같은 나라는 마을이 작아서 몇 사람이 똑같은 사업을 하면 안 된다. 앞으로 우리 사정도 그들과 다르지 않을 것이다. 특별한 일이 없는 한 이사 다닐 일이 많지 않다. 앞으로는 근거리 교통망이 발달하여 워킹시티가 되는 배회경제로 변할 것이다.

일부 스위스 마을에서는 누군가 새로운 가게를 개업하면 그 필요성에 대해 주민 투표를 실시한다. 물론 시장 논리에는 반하는 것이지만 지혜로운 일이다. 우리가 흔히 독점적인 것을 막으려는 이유는 이윤을 많이 가져가고, 공급을 멈출까 봐 그러는 것인데, 대를 이어서 하는 가게가 그렇게 하겠는가? 옛날 동네의 조그마한 가게에서 폭리를 취하겠는가?

소비자가 동시에 자본가인 경제체제, 소비자와 자본가가 서로 구분없이 소통하고 함께 이익을 나누고 서로 배려하는 경제체제, 그것이 바로 소통경제다. 지속가능한 세상을 위해서 이러한 소통경제가 실현되어 너와 내가 함께 어울려서 살아가는 사회가 되기를 바란다.

3장

소통, 통합의 문화를 창조하는 힘

01

'청춘다방'을 아십니까?

백범 김구 선생은 《백범일지》의 마지막 장인 '나의 소원, 내가 원하는 우리나라' 편에서 이렇게 말씀하셨다.

> 나는 우리나라가 세계에서 가장 아름다운 나라가 되기를 원한다. 가장 부강한 나라가 되기를 원하는 것은 아니다. 내가 남의 침략에 가슴이 아팠으니 내 나라가 남을 침략하는 것을 원치 아니한다. 우리의 부력은 우리의 생활을 풍족히 할 만하고 우리의 강력은 남의 침략을 막을 만하면 충분하다. 오직 한없이 가지고 싶은 것은 높은 문화의 힘이다. 문화의 힘은 우리 자신을 행복하게 하고 나아가 남에게 행복을 주기 때문이다.

구한말 일제의 침략에서 상해임시정부를 거쳐 한국전쟁까지 일생 전쟁터에서 투쟁을 해야만 했던 독립운동가의 마지막 소원은 대한민국이 부강한 나라가 되는 것이 아니라 문화가 아름다운 나라, 문화 강국이 되는 것이었다.

이처럼 군인이든 정치인이든 누구를 막론하고 성인이 꿈꾸는 국가의 최종적인 지향점은 부국강병이 아니라 문화 강국이다. 문화 강국이야말로 가장 아름다운 나라고 그런 나라가 인간을 행복하게 해줄 수 있다는 것을 김구 선생도 잘 알았던 것이다.

이러한 문화 강국의 기틀은 무엇인가? 바로 갈등이 없는 사회에서 출발하는 것이다. 서로가 서로를 짓밟고 올라서려는 전쟁통 같은 상황에서는 문화를 꽃피울 수 없다. 갈등과 격차가 해소되고, 서로에 대한 이해와 신뢰가 사회 전반에 튼튼하게 뿌리를 내릴 때 문화라는 꽃을 피우고 나와 남의 행복이라는 결실을 얻을 수 있다.

최근 우리 사회의 신뢰를 저해하는 갈등과 대립이 진행되는 상황을 지켜보면 과거 좌우 갈등, 지역 간 갈등에 세대 간 갈등이 덧붙여졌다. 특히 온라인상에서 벌어지고 있는 행태들을 살펴보면 세대 간 갈등이 단순히 불거지는 수준을 넘어 점차 깊어지며 다른 갈등을 이끄는 양상마저 보인다.

이러한 세대 간 갈등은 현실적으로는 저출산 고령화에 따른 국민연금 문제, 과도한 교육비에 따른 학자금 대출, 청년 실업의 증가 등의 제반 문제가 이러한 갈등을 만들어내고 부추긴다. 하지만 근본적으로는 서로 다른 경험을 하면서 자란 세대 간에 이해와 공감이 부족하기 때문이다.

따라서 신뢰를 회복하여 대한민국이 김구 선생이 꿈꾸었던 것과 같은 문화 강국으로 나아가기 위해서는 이러한 세대 간의 이해와 공감을 이끌어내는 것이 무엇보다 긴요하다고 판단했다.

필자는 사회통합위원회를 이끌면서 이러한 세대 간의 갈등을 해결하기 위해 비록 작은 발걸음이지만 '청춘다방'이라는 프로젝트를 시작하였다.

청춘다방은 당시 유행했던 드라마 제목을 본떠 '리얼 커피프린스 프로젝트'라고 명명했다. 멋지게 늙은 노인을 '커피프린스'라 지칭하고, 이들이 화려하면서도 정중한 느낌을 주는 복장을 갖추고 젊은 세대들에게 음료와 다과를 서비스하며 섬기는 특별한 콘셉트의 카페다.

청춘다방의 첫 개시 장소는 젊은 세대에게 핫플레이스로 유명한 홍대 카페거리였다. 카페거리에서 선택된 '당인리 극장'은 점주의 적극적인 참여 의지와 편안하고 소박한 카페 분위기가 청춘다방의 콘셉트와 잘 어울렸다.

커피프린스는 워크넷, 노인 복지관 등을 통해 모집하였고, 많은 지원자 중 총 11명을 선발하였는데 연령대는 60~70대로 전직 항공사 승무원, 공무원, 연구원 등 다양한 경험과 능력이 있는 분들이었다. 이들의 다양한 경험은 단순한 서빙의 차원을 넘어 인생 상담으로 자연스럽게 이어졌다. 각자의 강점을 바탕으로 고민 상담을 제공하여 카페를 찾은 청춘들에게 신선하고 긍정적인 반향을 불러일으켰다.

고령인 프린스들의 건강 문제 등을 고려하여 약 2주에 1회, 3시간씩 교대로 근무했다. 청춘다방 오픈 전에 프린스들에게 직무교육을 하여 청춘다방 프로젝트의 목적과 운영 방안을 공유한 것도 이 프로젝트가 옆길로 새지 않고, 소기의 목적을 달성하고 의미 있는 성과를 거두는 데 큰 힘이 되었다.

사회통합위원회의 한정된 인원으로는 이 프로젝트를 운영하는 데 한계가 있어 프로젝트 매니저 2인을 채용하여 사업 전반의 관리를 일임하였다. 물론 사회통합위원회 지원단에서 매주 참석하여 모니터링을 함께 실시함으로써 보완 체계를 마련하는 일도 잊지 않았다.

주머니가 가벼운 청춘들이 참석해 짐을 내려놓고 가라는 의미로 커피 가격은 1000원으로 책정하였고, 효율적인 운영을 위해 메뉴는 단순하게 구성하였다. 다양한 메뉴를 제공하는 데 신경을 기울이기보다는 청춘다방의 본래 목적인 세대 간 소통을 꾀하기 위해 멘토와 멘티의 관계처럼 인생 상담을 하기도 하고, 손금을 봐주기도 하는 등 다양한 활동을 전개했다.

청춘다방은 기획 당시부터 매월 새로운 이벤트를 진행하기로 하였다. 같은 복장, 같은 콘셉트로 반년 가까이 운영하면 신선함이 사라질 수도 있기 때문이다. 6월에는 '어서 오세요, 공주님' 이벤트를 실시하여 프린스들이 황태자 복장으로 서빙하며 여성 고객을 우대하는 행사를 진행하였다. 7월에는 '꽃노년 영화제'를 개최하여 세대, 노인 등과 관련

한 영화 3편을 선정하여 상영하였고, 동시에 노년의 영화감독을 초청하여 관객들과 질문을 주고받으며 대화를 나누는 자리도 마련하였다. 8월에는 '해변으로 가요'라는 타이틀로 하와이안 복장의 프린스들이 과일 펀치를 무료로 서비스하는 이벤트를 실시하여 좋은 호응을 얻었다.

또한, 청춘다방을 통해 사회통합위원회 위원들과 인근 거주 주민에게 기부받은 물품으로 매회 작은 바자회를 개최했고, 여기서 발생한 수익금은 위안부 할머니들을 위한 나눔의 집과 세대별 노조인 청년유니온에 기부하였다.

총 5개월에 걸친 사업 기간에 약 490명이 청춘다방을 방문하였다. 오픈 초기에는 단순한 대화, 손금 등으로 소통을 시작했으나, 어느 정도 자리를 잡은 이후부터는 자연스럽게 인생 상담이 소통의 큰 줄기가 되었다. 상담 내용은 결혼, 연애, 진로, 학업 등으로 다양했다.

2011년의 성공을 발판으로 2012년에도 청춘다방 프로젝트는 계속 진행되었다. 2012년에는 학생들이 활동하는 심장부로 과감하게 들어가자는 마음으로 동국대학교 구내 커피점인 '보니애 커피'에서 청춘다방 프로그램을 진행했다.

청년들이 많은 대학 캠퍼스 한복판으로 들어가 노인과 청년, 교수와 학생 간의 바람직한 소통 모델을 찾으려 한 것이다. 2012년에는 여성 노인 프린세스가 추가되었다. 교수, 대기업 임원, 공무원, 교장, 각종 전문직 출신 등으로 구성된 프린스와 프린세스가 학생들에게 커피를 서빙하면서 그들과 마주 앉아 학업, 진로, 취업, 연예 등 청춘의 고민과 고충을 귀담아듣고 조언하고 격려하는 시간을 통해서 서로 이해하고 경험을 나누는 시간을 마련할 수 있었다.

2012년에는 대학이라는 공간의 특성을 잘 활용하여 다양한 인문학 특강, 문화 특강, 문화 이벤트 등을 실시하여 세대 간의 소통이 의미하는 바가 무엇인가를 널리 알리며 소통의 채널을 확대하였다. 전반기에는 대학 축제와 연계하여 인문학 특강과 문화 이벤트를 개최했고, 후반기에는 세계 문화에 대한 이해를 높이기 위해 문화 특강을 3회에 걸쳐 실시했다. 2012년에 진행한 청춘다방 프로젝트는 2011년보다 더 큰 성공을 거두어 약 5개월 동안 총 1421명이 방문하였고, 이 중 964명이 프린스와 상담하고 자연스럽게 대화를 나누며 세대 간에 벽을 허물고 소통하는 기회를 가졌다.

21세기에 접어들면서 예능 프로그램, 영화, 드라마 등을 중심으로 대한민국의 한류 열풍이 전 세계를 휩쓸고 있다. 또한 각 개인이 만들어낸 사용자 제작 콘텐츠들이 유튜브 같은 온라인을 통해 전 세계인들과 실시간으로 공감을 불러일으키고, 감동을 주기도 하는 즉각적인 소통의 채널이 마련되었다.

이제는 1980년대, 1990년대처럼 나이키의 에어 조던, 코카콜라 같은 기업형 문화 침략, 팍스 아메리카나가 통하지 않는다. 실질적으로 개인의 힘, 문화의 힘이 중요한 시대가 된 것이다. 이러한 시대를 맞아 대한민국의 숨겨진 문화 잠재력이 화산처럼 폭발하며, 우리나라의 젊은이들이 그러한 시대의 중심에 설 기회가 마련되었다.

나비효과처럼 작은 돌멩이 하나가 호수에 큰 파문을 일으키듯, 청춘다방 같은 프로그램도 홍대, 동국대 등의 대학생과 노인들 간에 서로 멘토, 멘티 관계를 성립하게 함으로써 노인 세대는 필요한 조언을, 학생은 자신들의 문화와 의견을 전달했다. 그로써 서로 이해의 폭을 넓히고 서로에게 감사하고 공감할 수 있는 계기를 마련하였다.

청춘다방이 방황하는 젊은이들이 문화 강국의 주역으로 거듭나게 하는 튼튼한 기반이 되도록 하는 데 적지 않은 힘이 되었으리라 믿는다. 이러한 소통의 싹이 젊은이들의 가슴에 큰 나무로 자라날 날이 올 것이라 기대해본다.

앞으로 기성세대들은 젊은이들을 꾸짖기보다는 청춘다방에서 서빙을 하며 그들의 이야기를 들어주었던 것처럼 더 낮은 자세로 대한민국의 청춘들에게 힘을 불어넣어 주고, 그들이 흔들림 없이 우리나라를 문화 강국으로 만들어나가는 데 지원을 아끼지 말아야 할 것이다.

02

생활의 달인? 소통의 달인!

오늘날 세대 간의 극심한 갈등은 우리 사회 곳곳에서 공공연히 발생하고 있다. 온라인상에서 떠들썩했던 소위 '지하철 패륜녀 사건'을 굳이 예로 들지 않더라도 신구세대 간 갈등은 우리 사회가 해결해야 할 주요 문제로 떠오른 지 오래다.

세대 간 소통을 위해서는 사회의 어른이라고 할 수 있는 기성세대가 먼저 젊은 세대에게 손을 내밀어야 한다.

앞서도 언급했던 루스벨트 대통령은 대공황으로 전 국민이 고통을 겪던 시절, 1933년부터 1944년 동안 30차례에 걸쳐 라디오 방송에 출연해 정부의 뉴딜 정책을 친근하게 설명하고 동의를 구했다. 국민과의 직접적이고 적극적인 소통을 통해 희망의 리더십을 각인시킴으로써 대공황을 극복한 것이다. 내리사랑이라는 말도 있지 않은가? 식견과 경험이 풍부한 윗사람이 먼저 다가가야 한다.

사회통합위원회에서는 세대 간 갈등과 오해가 더욱 깊어지는 이유를 무엇보다 서로 삶의 방식이 다르고, 서로 소통할 기회가 적기 때문이라고 생각했다. 그래서 윗세대가 아랫세대에게 다가갈 기회를 마련하고자 노력했다. 그러기 위해서는 노인 세대와 청년 세대가 함께 어울리면서 소통할 수 있는 자연스럽고 즐거운 만남의 장을 준비해야 했다. 이러한 광장을 마련하려는 노력을 지속해서 상호 이해하고 공감하는 문화를 확산해야 세대 갈등도 완화될 것이라고 믿었다.

사회통합위원회에서는 이런 광장을 마련하고, 세대 갈등을 완화하는 데 조금이라도 도움이 되고자 세대 소통 프로젝트의 하나로 청춘다방에 이어 '생활의 달인'이라는 프로그램을 진행하였다.

2011년 시범적으로 실행한 생활의 달인 교실은 노인 세대와 청년 세대 간의 긍정적인 소통 모델로 평가되어 2012년에는 세대 간 소통을 위해 생활의 달인 교실을 확대 운영하기로 했다. 2012년 마포종합복지관에서 운영했던 생활의 달인 교실을 전국 5개 권역의 노인복지관, 시니어클럽과 대학교를 운영 주체로 선정하여 전국 6개 장소로 확산하여 실시했다.

2011년 생활의 달인 교실에서는 젊은 세대가 유익하다고 느껴서 만남의 장으로 나올 수 있도록 하는 생활의 지혜를 소재로 선정하였다. 예를 들면 'ㅇㅇㅇ 할머니의 밑반찬 4종 세트 만들기' 같은 일상생활에 요긴하지만 아무 곳에서나 쉽게 배울 수 없는 내용으로 구성한 것이다. 그러한 인식에 따라 전체 프로그램은 요리, 편의생활, 예절생활, 자원봉사 등으로 결정되었다.

생활의 달인 교실 프로젝트는 연인원 89명의 대학생, 직장인 등이 참여하였다. 그중 요리 프로그램은 매회 8명에서 12명의 학생이 참여하는 등 호응도가 높았다. 특히 자취하는 대학생들은 생활에 필수적인 음식 만들기에 대해 지대한 관심을 보여 프로그램 선정이 효과적이었음을 알 수 있었다.

이외에도 음성 꽃동네 방문 견학 및 자원봉사는 할머니, 학생들이 함께 수행하였는데, 양 세대 간 대화의 기회가 늘어남과 동시에 함께 하는 자원봉사가 세대 사이의 벽을 허무는 데 크게 공헌하였다.

2012년 생활의 달인 교실은 4월부터 11월까지 전국 5개 지역에서 매주 1회, 1기당 4주 과정으로 교실마다 6기를 기본으로 운영하였으며, 11월까지 약 8개월 동안 총 113회 운영하였다.

기수별로 4주차 수료식에는 책임위원이 직접 수료증을 수여하였다. 그리고 생활의 달인 교실 블로그를 개설하여 기수별 6개 대학교와 시니어클럽은 활동 내용이 담긴 사진 및 글을 통해 상호 교류하였다. 블로그 활동은 월 최대 1800여 명의 방문자 수를 기록하는 등 생활의 달인 교실 프로그램은 참여자 외 일반인에게도 많은 관심을 받았다.

2012년 생활의 달인 교실에 참여한 인원은 1000명이 넘었고, 184명이 수료하는 등 전년도보다 폭발적인 성장세를 보였다. 이러한 뜨거운 성원에 힘입어 생활의 달인 프로그램을 지역사회 및 대학에서 세대 간 소통 모델로 관련 기관에 보급할 계획을 세웠다.

사회통합위원회에서는 사업 내용을 동영상으로 기록하였고, 사업 운영 방식, 과정, 결과 등을 수록한 결과 보고서를 가이드북 형태로 제작하여 관련 단체와 기관에 배포하여 생활의 달인 교실 모델을 응용해서 추진할 수 있도록 하였다.

생활의 달인 교실 사업은 시작 초기부터 양 세대 간 친밀감과 대화 여건 조성이 잘되었으며, 젊은 세대가 노인 세대의 지혜를 기꺼이 전수받으면서 소통 가능성을 확인하였다. 이 프로그램은 많은 언론매체에도 보도되었는데, 현재 우리 사회가 세대 갈등을 심각하게 인식하고 갈등을 해결하는 데 관심이 많다는 방증으로 보인다.

생활의 달인 프로그램의 성공은 우리 사회가 세대 간 갈등에 대해 얼마나 깊은 관심을 두는지 알 수 있었고, 작은 꽃씨가 언젠가 사방에 화려한 꽃을 피워내듯 청춘다방이나 생활의 달인 같은 프로그램이 비록 작은 아이디어, 작은 발걸음일지라도 우리 사회를 갈등에서 화합으로 바꿔나가는 길로 인도하는 중요한 계기가 될 수 있음을 깨닫게 해주었다.

여기에 생활의 달인 프로그램에 참가했던 한 학생과 강사의 수기를 수록하니, 당시의 분위기를 함께 느껴보기를 바란다.

생활의 달인으로부터 삶의 달인으로

–

고유미(2기)

안녕하세요. 저는 연세대학교 사회학과를 다니는 고유미입니다. 열심히 듣고 있는 학교 수업의 교수님께서 '생활의 달인' 프로그램을 말씀하시면서 자세한 사항을 게시판에 올려둘 테니 확인해보라고 하셨습니다. 게시판에서 확인해보니 이런저런 내용이 있는데 우선 장소가 학교에서 가까운 위치에 있었고, 특히 프로그램 중 '상가 예절'을 알려주는 내용이 있어 참가를 결정하게 되었습니다. 열심히 배우고 있는 교수님의 추천이었기 때문에 참여해보면 무엇이든 얻을 것이 있을 것으로 생각했습니다.

첫 시간은 요리를 배우는 시간이었습니다. 첫째 주와 둘째 주가 모두 요리를 하는 시간이었는데 이 두 주 동안은 같은 어머니들 밑에서 배울 수 있었습니다. 서로 모르던 두 사람이 처음 만날 때의 어색함이야 어떻게 없을 수가 있을까요. 프로그램에서 만난 젊은 사람들끼리도 어색해하는데 말이죠. 그럼에도 어머니들은 친절하셨습니다. 요리하는 과정에서도 친절하셨지만, 요리가 끝난 후에 자취하는 학생들에게 남은 음식이나 재료를 챙겨주려 애를 쓰셨습니다. 생전 처음 보는 학생인데도 가족처럼 챙겨주시는 모습이 보기 좋다는 생각과 나를 아껴주신다는 느낌이 들었습니다.

프로그램에 참여하면서 건강하신 어머니들을 자주 볼 수 있었던 것이 좋았습니다. 아니, 실제 건강이 어떠하신지는 제가 알 수 없더라도 활발하게 이야기를 나누고 웃음을 나누시는 모습이 좋았습니다. 저희 외할머니도 그렇게 활동할 수 있게 준비가 되어 있었다면 얼마나 좋았을까 하는 생각이 들었습니다. 그랬다면 나이 차이가 큰 두 사람의 대화를 위해 서로가 애를 좀 덜 써도 되지 않았을까요? 좀 더 친하게 지낼 수 있지 않았을까요?

저는 프로그램을 통해 어머니들과 웃으면서 좋은 추억도 만들었고 프로그램 이름 그대로 생활의 달인에게서 배움도 얻었고 맛있는 식사도 함께 했고 처음에 마음먹었던 수료증도 얻었습니다. 꽃동네에 가서 육체는 조금 힘들어도 마음이 뿌듯해지는 만남도 가졌습니다. 열심히 참여해서 잘 마쳤지만, 아주 행복하고 뿌듯하지만은 않습니다. 오히려 생각하면 생각할수록 고민거리가 늘어갑니다.

꽃동네를 다녀온 날의 저녁 식사 자리에서 저는 프로그램에 참여하신 어머니들 같은 노인이 되고 싶다는 말을 했습니다. 그분들은 건강하며 프로그램에 참여하실 수 있었습니다. 안정적인 생활이나, 개인적인 능력 등 그분들의 개인적 속성이 그런 봉사를 가능하게 한 부분도 있을 것입니다. 그러나 프로그램이라는 소통의 매개체가 존재했기 때문에 제가 그분들을 만난 것도 사실입니다.

이번 생활의 달인 2기에 참여한 것은 단지 요리를 배우고 예절을 배웠다는 것 이상으로 내가 살아가는 사회가 어떤 곳인가에 대해 좀 다르게 생각해볼 기회였습니다. 단지 저의 전공과 같은 학문 수준의 관심에서가 아니라 바로 내가 지금 어떤 삶을 살고 있고, 이것이 나중에는 어떻게 될지에 대해 생각해봤기 때문입니다.

가슴 설레는 만남

–

편의생활 강사, 성혜선

생활의 달인 교실이라는 말에 정말 내가 생활의 달인으로 학생들에게 도움을 줄 수 있을까? 가슴이 두근두근하고 설레었습니다.

첫 시간 처음 만난 예쁘고 사랑스러운 여학생과 나란히 옆에 앉아서 바느질하며 이야기를 나누었습니다.

"할머니는 언제부터 배우셨어요?"

"글쎄? 살아가면서 배웠나 보네."

"어머나, 저는 어제 단추가 떨어져서 세탁소에서 달았어요."

또 다른 학생은 "저는 이 블라우스 사서 입고 지금 처음 다림질했어요. 오늘 이 옷이 호강하네요" 하며 열심히들 배우며 재미있어하는 모습에 예쁜 마음씨도 보이는 것 같아서 매우 기뻤습니다. 바늘 바르게 잡는 법, 매듭짓기, 실의 길이 등도 알려주었지요. 남학생, 여학생이 같이 와서 배우는 모습도 예뻐 보였습니다. 앞으로는 조금씩 뜯어진 곳이나 단추 떨어진 것은 본인이 직접 할 수 있을 것 같다고도 했지요.

요즘 젊은 세대는 공부에 바쁘고, 부모님도 바쁜 삶으로 생활의 기본인 바느질, 다림질을 가르치거나 배울 기회가 없는 것 같습니다. 그러나 학생들이 배우면서 꼭 필요하다는 것을 느끼는 것 같아 많은 학생에게 가르쳐주고 싶었습니다.

가족적인 분위기로 이런저런 이야기도 하고 서로 가르침을 주고받는, 서로 이해하고 사랑할 수 있는 시간이었습니다. 이런 좋은 기회를 주신 여러분에게 감사드립니다.

03

지역 소통의 창구를 열다

2009년 12월 23일 사회통합위원회가 출범한 후, 사회통합을 위해 근로빈곤층 대책, 지도층 제몫하기 프로젝트, 이제는 문화다 프로젝트, 세대 일자리 공존 프로젝트 등등 다양한 프로그램으로 사회통합을 추진해왔으나 중앙과 지방, 지역 간 소통의 장이 마련되지 않는다는 문제가 제기되었다. 중앙의 다양한 사회통합 정책이 지방에는 잘 미치지 않는 문제가 발생한 것이다.

사회통합 2기 위원회에서는 지역 현장 중심의 대국민 소통 강화를 위해 사회통합 정책 과제에 대한 지역의 의견을 수렴하고 중앙의 정책 성과를 지방으로 확산하기 위한 노력을 했다. 그중 대표적인 것이 중앙과 지방 간의 소통을 활성화하고, 사회통합 가치를 확산하는 구심체 역할을 할 수 있는 지역협의회를 설치하여 운영한 것이다.

지역협의회는 지역 단위의 화합과 통합증진을 위한 사업을 효과적으로 추진하기 위해 특별시, 광역시도, 특별자치도 등 16개 시도 지역 협의회를 구성하여 운영했다.

각 지역협의회는 지역협의회를 대표하는 의장 1명을 포함한 30명 이내의 위원으로 구성하였는데, 위원은 사회통합에 관한 학식과 경험이 풍부한 사람 중에서 대통령이 위촉하게 되어 있다. 또한, 지역협의회의 원활한 운영과 지원을 위해 지역협의회의 사무국 기능은 사회통합위원회 지원단에서 수행했다.

지역협의회가 수행해야 할 주요 기능은 크게 네 가지 방향으로 결정되었다.

첫째는 소통 기능이다. 사회통합의 가치 및 공감대를 지역으로 확산하고 위원회의 성과를 홍보하는 것이다. 주요 정책에 대해 의견을 수렴하고 갈등 사항, 정책·제도에 대한 개선 사항, 지역 간 갈등 해소에 대한 참신한 아이디어를 발굴하는 것이다. 그렇게 해서 지역시민사회와 공공 부문, 중앙과 지방과의 소통을 활성화하는 역할을 한다.

둘째는 국민 제안 기능이다. 국민으로부터 지역 단위별 사회통합에 관한 조사연구 사항이나 사회통합위원회의 정책·제도에 관한 아이디어와 여론을 수렴한다.

셋째는 사회통합을 위한 공감 문화를 확산하는 것이다. 지역의 모범적인 우수 사례를 모니터하여 공론화할 수 있는 지역 토론 및 간담회를 개최한다. 이러한 활동을 통해 국민 각계각층의 여론을 적극 수렴하며, 우리 사회에 공감대를 형성하고 갈등을 완화한다. 또한, 국민 참여 캠페인을 실행하여 공감 문화를 확산한다.

마지막으로는 모니터링 기능이다. 사회통합 실태 진단과 정책 평가에 지역 단위의 모니터링 활동을 강화한다. 지역별 모범 및 갈등 사례의 실태를 조사하고 심층 분석을 하는 등 다양한 방식으로 모니터링을 하여 개선된 정책을 펴나가도록 한다.

다음으로 지역협의회의 실질적인 활동 내용을 살펴보면 다음과 같다.

먼저 정기회의와 의장단 회의를 했다. 지역협의회 정기회의는 매달 1회 개최하는 것으로 2012년 한 해 동안 16개 지역협의회에서 11월 말까지 총 149회 1885명이 참석하였다. 정기회의를 할 때 주요 논의된 주제를 보면 상반기와 하반기 소통아카데미 운영 계획, 공생 발전을 위한 시민사회단체 초청 간담회, 지역 현안 토론회 주제와 주관 기관 선정, 나눔 화합 봉사 캠페인 활동 등 지역협의회 중점 추진 과제에 대한 세부 시행 방법에 대한 활발한 논의가 이뤄졌다.

지역협의회 정기회의 시 논의된 애로 사항과 건의 내용은 지역협의회 전국의장단 회의 시에 제출되어 활발한 토의를 거쳐 사회통합위원회 정책에 반영하였다.

의장단 회의는 사회통합위원장 주재 아래 격월로 전국 16개 시도의 지역협의회 대표위원인 의장단이 회의를 개최하여 지역협의회 월례회의에서 수렴한 여론을 정책에 반영하는 과제를 수행했다. 2012년 한 해 동안 6회에 걸쳐 개최하였다.

의장단 회의 시 건의된 사항은 모두 22건으로 법적으로 불가한 사항 4건을 제외하고는 대부분 정책에 반영되어 여론 수렴은 물론 중앙과 지방 간의 활발한 소통 창구의 기능을 담당하였다.

다음으로 지역 현안에 대한 정책토론회를 벌였다. 지역협의회에서는 2012년 한 해 동안 다양한 현안을 주제로 전문가, 부처의 정책 담당자, 지역주민 등 1560명이 참석한 가운데 지역 현안에 관한 정책 토론회를 14회에 걸쳐 개최하였고, 지역의 공생 발전을 위한 해결 방안을 모색하여 국민 소통과 공감의 장을 마련했다는 평가를 받았다.

그리고 나눔 봉사 활동과 캠페인도 추진하였다. 지역협의회 주최로 2012년 한 해 동안 모두 23회에 걸쳐 기업, NGO, 지역부녀회 등 6819명이 참여한 지역 친화형 현장 봉사 활동과 캠페인을 실행하여 저소득층과 불우이웃에게는 따뜻한 사랑과 희망을 전달하였다. 우리 사회에서 점차 확대일로에 있는 다문화 문제에 대해서는 '틀린 것이 아니라 다른 것'이라는 화합의 메시지를 전달하여 사회적 갈등을 완화하고 통합의 가치를 확산했다.

끝으로 소통모니터단을 구성해서 운영했다. 지역 현안에 대해 기성세대와 젊은 세대가 상호 이해하고 존중하는 바탕 위에서 대화할 수 있도록 소통모니터단을 설치했다. 온라인 활동을 비롯하여 오프라인에서도 봉사 활동, 간담회, 위원장과의 대화, '소통콘서트'라는 소통 특강, 사례 발표 등의 활동을 펼쳤다.

이러한 지역협의회를 통한 다양한 소통 활동이 차후 국가 발전을 위해서도 큰 힘이 될 것이라는 신념이 있었다. 이들이 모두 우리나라의 일꾼이자 기업가, 지도자들이고 앞으로 그렇게 될 것이기 때문이다.

예를 들면, 1980년대까지만 해도 네덜란드는 선진국 중 가장 심각한 실업률로 유명했다. 유럽 복지국가 모델의 한계를 보여주며, 고실업과 지나친 복지비용으로 더는 복지 정책을 유지하기 어렵게 되자 '네덜란드 병'이라는 이름까지 만들어졌다.

그러나 1990년대에 접어들면서 네덜란드는 네덜란드 병을 고치고 급속하게 강소국으로 변모했다. 일자리를 적극 창출하여 실업률이 낮아졌고, 비관적이었던 복지체제는 낙관적으로 변했다. 모두 정부와 기업, 근로자가 서로 마음의 문을 열고 소통한 결과다.

정부는 노사 양측을 설득해 바세나르 협약과 '새로운 길New Course'이라는 협약을 이끌어냈다. 시간이 흐르면서 점점 큰 힘을 발휘한 바세나르 협약은 1982년 임금 인상 자제와 근무시간 단축을 통한 일자리 나누기에 노사가 상호 합의한 협약이며, 새로운 길 협약은 1993년 일자리의 유연성을 강화하기 위해 노사가 근로시간 단축에 합의한 협약이다.

전 세계적으로 오피니언 리더들 사이에서 회자되는 네덜란드의 기적을 이끈 이 두 협약은 한 국가를 이끄는 주체들 간 소통의 힘이 얼마나 크고 중요한지를 보여주는 대표 사례로 손꼽힌다.

사회통합위원회는 이런 인식을 바탕으로 세대 간 상호 소통하며 계속해서 젊은 세대의 의견을 듣고, 여러 가지 소통의 문제에 대해 그들의 역할과 발전 방안을 모색하는 계기를 만들었다. 지역별 간담회, 토론회, 봉사 활동 등에 소통모니터단이 꾸준히 참여하여 세대 간 소통을 추진하고 서로에 관한 존중과 이해를 마련하는 기회를 제공했다.

이러한 지역협의회의 활동은 사회적 갈등을 완화하고, 화합의 메시지를 전달하였으며, 중앙뿐만 아니라 지방에도 소통에 관한 국민적 공감대를 형성하는 데 크게 공헌했다.

04

소통아카데미,
당신의 소통은 안녕하십니까?

우리나라는 산업화와 민주화를 달성함은 물론 서구 선진국이 200년 만에 이룩한 경제성장을 50년 만에 압축 달성하였다. 그러나 국민이 물질만능주의에 빠지면서 문화, 교양의 측면이 취약해지고 다양한 갈등이 발생했다. 국가적으로는 사회의 갈등을 관리하고 소통을 교육하는 것이 부족했다.

매년 〈포춘Fortune〉지에서 발표하는 일하기 좋은 기업에서도 구성원 간 관계의 질, 즉 정서적 소통 능력이 중요한 선정 기준으로 제시되고 있다. 한 국가에서도 어떤 정책이 성공하기 위한 핵심 조건은 소통이라는 것은 분명하다.

우리는 소통이 무엇인지에 대해서는 아는 것일까? 가장 기본적인 것부터 하나하나 짚어보자. 의사소통을 영어로 하면 커뮤니케이션

communication이다. 커뮤니케이션이란 말의 어원은 공통, 공유라는 뜻을 지닌 라틴어 콤무니스commúnis다.

의사소통의 개념은 세 가지 측면에서 살펴볼 수 있다. 첫째, 구조적 관점에서 정보나 메시지를 보내고 받는 과정 또는 정보가 이곳에서 저곳으로 흐르는 과정이다. 둘째, 기능적 관점에서 인간이 기호를 사용하는 행동 자체로 보며, 기호와 해독 과정에 중점을 두는 것이다. 셋째, 의도적 관점에서 한 인간이 다른 인간에게 영향을 미치려는 목적을 갖고 의도적으로 계획하는 행동이다.

많은 학자가 의사소통에 대한 정의를 내렸다. 슈람Schramm은 자극을 전달하는 과정이라고 했고, 모리스Morris는 공통성의 수립 과정, 뉴컴Newcomb은 의사의 전달이라고 했다. 라이스Rice는 사람들이 다른 사람을 이해하고 영향을 미치게 될 때 느낌과 의미를 교환하는 데 사용되는 모든 수단을 포함한다고 했다.

세레노Sereno와 보다켄Bodaken은 참여자 간의 역동적이고 동시적인 상호 교환을 말하는 것으로 의사소통 참여자들이 끊임없이 언어적·비언어적 방법으로 자신의 메시지를 전달하며 동시에 수용하는 상호 복합적인 작용이라고 정의 내렸다.

이런 다양한 개념들을 종합하여 축약하자면, 의사소통이란 사람들이 상호 간에 기호와 같은 다양한 수단을 이용해 서로에게 정보나 메시지를 전달하는 과정이라고 할 수 있다.

그렇다면 의사소통의 주요 수단인 대화의 의미는 무엇일까? 대화는 참여자의 자율성을 존중하며, 형식에 얽매이지 않고 가장 자유로운 분위기에서 진행되는 말하기의 유형이다. 이러한 분위기에서 화자와 청자의 진정한 상호작용이 일어나며 원만한 인간관계가 형성되고 어떠한 난제도 해결될 수 있는 경지에 도달하게 된다.

그럼 앞서 말한 의사소통과 대화는 어떤 연관관계가 있는 것일까?

민영과 노성종이 쓴 학술 발표 자료 〈소통의 조건〉(2012, 소통의 조건: 한국 사회의 시민 간 정책 대화 탐구)에 따르면 소통을 대화 참여자들 사이에 말하기와 듣기라는 커뮤니케이션 행위가 균등하게 구현되는 상황이라 정의하고, 이것을 '숙의적 대화'라고 개념화할 수 있다.

대화를 통해 사람들은 상호성의 원리를 체화하고 실천할 수 있으며 소통을 경험할 수 있다. 즉 상호성의 조건이 충족되지 않을 시 소통은 단절된다.

소통에 이르기까지 대화의 단계들을 살펴보면 이렇다. '소외疏外'는 말하기와 듣기가 모두 안 되는 것이다. '소란騷亂'은 근거 있게 주장하는 것은 활발하지만, 상호 경청은 안 되는 것이다. '소침銷沈'은 주의 깊게 듣기는 되나 근거 있게 말하기가 미약한 것이다. 끝으로 '소통'은 민주적 말하기와 민주적 듣기가 균형을 이룬 상태다. 따라서 상호 이해와 존중이 바탕이 된 대화가 가능할 때 진정한 소통이 될 수 있다.

다시 국내 상황으로 돌아와서 압축 성장 기간에 가정이나 직장, 정치권에서도 불통이 만연해서 서로에게 불만이 쌓여갔다. 이러한 갈등이 고조되면서 소통이 우리 사회의 가장 큰 화두로 불거졌다.

그러면서 우리 사회에 널리 퍼진 세대, 이념, 계층 갈등과 더불어 복지 포퓰리즘의 해결 방안으로 소통이 제기되면서 소통과 관련된 시민 교육의 필요성이 제기되었다.

이러한 고민을 바탕으로 사회통합위원장 시절, 인문교양 강좌를 통해 국민의 인성을 함양하고, 사회 구성원 간 상호 이해와 존중이 바탕이 된 대화가 가능하도록 지원하는 시민 교육과정인 소통아카데미를 개설하였다.

2011년도 시범 운영을 거쳐 2012년부터 서울을 비롯한 시도에 소통아카데미를 운영하여 소통과 대화 방법에 관한 기술 습득은 물론 다양한 분야의 소통 경험과 사례를 공유함으로써 사회통합에 이바지하고자 하였다.

소통아카데미의 주요 목적은 소통과 대화의 의미와 개념을 이해시키고, 상호 간 가치와 문화가 다름을 인식하며 소통 및 대화의 기법을 습득하여 소통 능력의 향상을 도모하는 것이었다. 우리 사회 전반에 소통 문화를 확산하여 사회통합을 이끌어나가기 위한 것이었다.

잠시 그 구체적인 진행 절차를 살펴보면, 위원회는 소통아카데미 운영 기본 계획을 수립하여 2011년 4월 대통령께 보고한 후, 교육 운영 방향, 교육 내용, 강사 구성 등 세부운영 방안을 위해 민간연구단체와 시민단체 대표, 학계 등 전문가로 소통아카데미 기획위원회를 구성하고 4차례의 토의를 거쳐 소통아카데미 커리큘럼 초안을 마련했다.

아울러 소통아카데미의 성공적인 운영을 도모하기 위해 소통아카데미 강의 내용을 한국방송통신대학교 TV인 OUN 채널을 통해 방영하고, 교육 장소와 부대 시설을 사용하는 등의 내용으로 한국방송통신대학교와 MOU를 체결한 후 본격적으로 운영을 준비하였다.

2011년 서울 지역 시범 운영을 통해 2012년에는 서울을 비롯한 16개 시도에 전국적으로 확대하여 운영하였다.

2011년 소통아카데미의 대주제는 '소통과 행복'으로 선정했으며, 교육은 1회당 일반 시민 200명을 대상으로 2기로 구성·운영하기로 했다. 소통아카데미 1기는 매주 수요일 저녁 2시간씩 5주간에 걸쳐 다섯 명의 강사가 소통의 의미와 방법을 세부적인 주제로 나누어 강의하는 방식으로 한국방송통신대학교 스튜디오에서 진행했다.

2011년 소통아카데미 운영 성과 분석 결과, 1기 5회차라는 기간이 길다는 의견이 있어 2012년에는 1기 3회를 기준으로 서울은 5기, 나머지 시도는 2기를 운영했다. 2012년 소통아카데미의 대주제는 '소통과 공감'으로 선정했으며, 지역별 특성에 따라 세부 내용은 탄력적으로 운영하기로 했다. 또한, 강연 참가자의 책임성 확보를 위해 서울 지역은 기별 참가비를 1만 원씩 받아 이웃돕기 성금 등으로 활용했다.

2011년 소통아카데미에 참여한 연인원은 1703명이었고, 나이별 참여 비율은 50대 44.7%, 40대 25.4%, 60대 14.3% 순이었다.

강의한 내용은 OUN을 통해 2주 뒤인 매주 수·목요일 밤 10시에 본방송을 하고 재방송은 다음 주 월·화요일 오전 10시에 방영하여 강좌에 참석하지 못하는 시민에게도 수강 기회를 제공했으며, 연간 74만

6000여 가구가 시청한 것으로 조사되었다.

2012년 서울 지역 소통아카데미 5기까지 참여한 인원은 2338명이었고, 전국 15개 시도에서 총 89회를 개최하여 연인원 1만 6556명의 인원이 직접 참가하여 지역사회 소통과 대화 문화 확산에 공헌했다. 교육생들의 강의 만족도는 평균 89%로 조사되었으며, 서울 지역 참가자의 수강비 총 948만 원은 이웃돕기 성금으로 기탁되었다. 2012년 강의 내용 역시 전년도와 마찬가지로 OUN을 통해 방송되었는데, 총 234만 4000여 가구가 시청한 것으로 조사되어 전국적으로 소통 문화 확산에 지대한 영향을 미쳤다.

소통아카데미를 통해 많은 사람이 진정한 소통이 무엇인가에 대한 의미를 되새기는 시간을 갖게 되었고, 강사들의 실제 사례와 경험을 공유하면서 '소통과 대화'의 방법을 습득하게 되었다.

소통아카데미를 통해 서로 다름을 인정하면서 다른 사람에 대한 배려와 더불어 자신과 가정을 되돌아보게 하는 좋은 강좌였다는 의견이 대다수였다. 앞으로 영위할 생활에 도움이 되었고, 국민을 대상으로 하는 소통 교육이 반드시 필요하다는 의견이 99%를 차지했다.

이렇게 유익한 소통아카데미가 한두 차례 단발성으로 끝나는 것이 아니라 앞으로도 계속 운영되어 더 많은 국민이 참여하여 우리나라 전반에 소통의 문화가 정착되기를 바란다.

무엇이 사람을 움직이는가?

최창호, 미디어상담학회 회장

커뮤니케이션의 어원을 따져보면 '나누다'라는 뜻이 있다. 요즘은 커뮤니케이션을 간략하게 소통이라고 한다. 소통하기 위해서는 상대방에게 먼저 긍정적인 에너지를 줘야 한다. 그래야 상대방이 그것을 받고 나에게 다시 긍정적인 에너지로 돌려준다. 긍정적 에너지를 주면 마음이 열리고 방어기제가 풀린다. 서로 다퉜다면 먼저 화해를 해야 소통이 되는 것과 같은 이치다. 말 한마디라도 상대방을 어떻게 배려하느냐가 중요하다.

그렇다면 상대방을 어떻게 배려해야 마음을 움직일 수 있는가?

첫째는 암시다. 암시에는 자기암시, 타자암시, 사회적 암시가 있다. '나는 할 수 있다'는 긍정적인 태도, 낙천적인 생각이 중요하다. 다음으로 상대방을 위해 기원하고 기도하는 것이다. 자신에게와 마찬가지로 다른 누군가를 위해 기원해주면 그 에너지가 모여서 큰 힘이 된다.

올림픽, 월드컵 때 수많은 국민이 엄청난 응원을 해줘서 플러스 힘이 발생한 것이 과학적으로 검증되었다. 이를 '사회적 촉진 현상'이라고 하는데, 누군가를 응원해주고 기원해줘서 더 좋은 성적을 거둘 수 있도록 하는 것이다.

사회 전반에 작용하는 암시가 사회적 암시다. 예를 들어 광우병 파동도 사회적 암시에 빠진 것이다. 큰 사회적 문제에 대해 사실 여부와 상관없이 집단적으로 하나의 견해에만 몰두하는 것이다. 이러한 일이 발생했을 때는 국가가 나서야 한다. 정보를 과감하게 노출하고 마음을 열고 대화를 나눠야 한다. 일방적으로 일깨우려 한다면 반발만 생길 것이다.

둘째는 상대방의 나르시시즘을 자극해주는 것이다. 누군가를 설득하고, 누군가와 소통하려면 상대방을 인정하고, 이해해줘야 한다. 그리고 미소와 유머가 있어야 한다. 상대방의 아픔을 알아주고 함께 공유하는 것만으로도 충분히 커뮤니케이션이 되고 설득이 되는 것이다.

셋째는 체험을 시켜주는 것이다. 만약 자녀나 부부 관계 상담, 혹은 부부싸움의 해결책 등에 대해 미혼자와 대화를 한다고 해보자. 어떨까. 대개는 그 대화에 아무런 흥미를 못 느끼거나 심하면 힘들어 할지도 모른다. 하지만 그 미혼자가 결혼하고 아이를 낳게 되면, 위와 같은 대화에 큰 관심을 가지게 될 것이다. 그만큼 직접 경험한다는 것은 힘이 세다. 사실 사람이라는 존재 자체가 무의식적인 존재이기 때문에 어떤 체험을 어떻게 하느냐는 중요한 의미를 가지게 된다.

펄떡이는 물고기처럼 생동감 넘치게 움직이는 사람들을 직접 보고 경험하면 우울하거나 좌절하지 않을 수 있다. 함께 웃거나 봉사 활동을 하면 나쁜 세포를 잡아먹는 NK세포가 증가한다고 하니, 긍정적인 활동을 함께 체험하는 것이 소통을 증진한다.

마지막으로 말을 잘하는 것보다 잘 들어주는 것이 더 중요하다. 그렇게 하기 위해서는 '예스 벗Yes But' 화법을 구사할 줄 알아야 한다. 이 '예스 벗' 화법은 상대방이 쓸데없는 소리를 하더라도 우선 상대방을 인정하는 것이다. 항상 습관적으로 상대방에게 먼저 긍정을 표현한 다음 문제점을 지적하면 이야기가 좀 더 수월해진다.

소통이라고 하는 커뮤니케이션에는 여러 가지 방법이 있지만, 가장 중요한 것은 상대방에 대해 존중해주는 마음을 진심으로 갖는 것이다. 다음으로 '역지사지易地思之'하는 것이 중요하다. 상대방의 처지에서 바라보는 것, 누군가를 설득하기보다는 소통에 앞서 잠시만이라도 상대방의 처지에서 바라보는 여유만 가져도 소통의 달인이 될 수 있다.

05

청소년, 부모, 교사의 한바탕 어울림, 소통캠프

우리 사회는 언제부터인가 동료 학생에 의한 왕따와 상습적인 괴롭힘을 견디다 못해 중고등학생이 자살하는 등 학교 폭력이 심각한 사회문제로 불거졌다. 이런 상황을 맞아 많은 언론사에서는 학교 폭력에 대한 실태를 비판하고 정부의 강력한 대책을 요구했다.

사회통합위원회에서는 이런 학교 폭력이 왜 발생하는지 대책은 무엇인지에 대해 고민을 하게 되었다. 고민의 과정에서 '영국 폭동 사태 처방전'을 우리 사회에도 적용할 수 있다는 것을 알게 되었다.

2011년 8월 4일, 경찰의 총격으로 영국의 흑인 청년 마크 더건이 사망하였다. 8월 6일 시위가 시작되어 런던 중심가를 비롯한 20여 곳에서 약탈과 폭동이 일어났다. 폭동은 점차 확대되어 버밍엄, 리버풀 등 다른 주요 도시로 퍼졌다. 이 때문에 이탈리아에서 휴식 중이던 데이

비드 캐머런 총리가 급히 귀국해 각료 회의를 소집했다. 다행히 8월 10일 무렵부터 폭동의 기세는 수그러들었다.

캐머런 영국 총리는 폭동의 원인을 인종, 가난, 긴축재정이 아닌 젊은 세대의 도덕성 붕괴로 꼽았다. 그에 따른 몇 가지 처방전을 내놓았는데, 특징적인 것은 국가 시민 서비스를 전국적으로 확대해서 의무적으로 실시하는 것이었다. 16세 청소년을 대상으로 사회적 책임과 지역사회에 공헌하는 능력을 심어주자는 취지였던 것이다.

우리나라도 그 원인만 놓고 보면 크게 다르지 않다. 우리 사회가 압축 성장하는 과정에서 국민에 대한 갈등 관리 교육도 부족했고, 국민도 스스로 물질만능주의에 빠져 문화·교양적인 측면이 취약해졌다. 또한 가정 및 학교의 핵심 구성원인 청소년과 교사, 부모와 자녀, 동료 학생들 간의 소통 부재가 이러한 학교 폭력의 원인이라고 할 수 있을 것이다.

따라서 사회통합위원회에서는 가정과 학교의 구성원들끼리 상호 이해와 존중이 바탕이 된 대화가 가능하도록 지원하고, 소통이 단절된 문제점과 활성화 방안을 청소년 스스로 찾아보는 소통캠프를 운영하기로 하였다.

위원회는 청소년 관련 업무에 전문성이 있는 청소년진흥원을 협력기관으로 요청하고 실무 협의를 추진했다. 2011년 말부터 2012년 초까지 3차례에 걸친 실무 회의를 통해 소통캠프의 취지와 추진 방향을 논의하고, 가정과 학교의 핵심 구성원인 청소년, 부모, 교사가 함께하는 소통캠프를 만들었다. 또한 청소년 관련 업무 소관 부처인 교육과학기술부와 여성가족부가 후원 기관으로 참여하여 행사의 의의가 더 깊어졌다.

소통캠프의 실질적인 활동 모습을 살펴보면 슬로건은 "소통을 위한 동행, 1박 2일"이었으며, '가정과 학교 내 소통 활성화 방안'이라는 주제로 진행되었다. 교육 대상은 고등학생 90명, 교사 20명, 부모 20명, 전문가 20명 등 150명을 기준으로 1박 2일에 걸쳐 천안에 있는 국립중앙청소년수련원에서 봄방학 기간에 1차, 여름방학 기간에 2차로 운영했다.

1차 소통캠프에서 필자는 개회사로 오늘날 사회문제인 왕따, 학교폭력 문제를 소통을 통해 해결하는 기회로 삼기 위해 본 행사를 기획했다고 밝히고, 상호 이해와 존중이 바탕이 되는 대화를 통해 올바른 인생의 길, 앞으로의 길을 개척해나가기를 기대한다는 마음을 밝혔다.

국립중앙청소년수련원 선생들의 연극, 난타 공연 등의 개회식 식전행사를 통해 소통캠프는 즐거운 분위기에서 진행되었다. 순서는 소통을 잘하는 방법에 대한 특강을 듣고, 본인의 소통 문제점을 진단하는 시간을 마련하였다. 소통 역할극과 소통 방법을 실습하는 등 다양한 프로그램도 운영하였다.

명지대학교 이병혜 교수의 '소통과 성공'이라는 주제로 펼쳐진 강연 내용을 간단히 옮겨보면 다음과 같다. 이병혜 교수는 소통을 잘하기 위한 4가지 방안을 제안했다.

첫째, 생각을 바꿔라. 문제는 같아도 정답은 상황과 시간에 따라 변하기 마련이다. 한 분야의 최고가 되는 것은 재주가 아니라 근성이다. 오기와 근성을 키워라.

둘째, 미래 사회의 트렌드를 읽어라. 인생이란 선택의 연속이다. 트위터로 생각을 말하고, 구글로 검색하고, 아이폰으로 영상을 받아보고, 페이스북으로 친구를 만나는 시대에 맞게 생활해야 한다.

셋째, 인성 함양을 위한 인문학 소양을 넓혀라. 성공한 예술가보다는 승리한 예술가가 되기 위해 남을 이해하고 배려하는 마음을 길러야 한다.

넷째, 상대의 입장과 관심에 주목하라. 지적하는 것보다 질문하는 것이 더 좋은 대화법이다. '왜'에서 '어떻게'로 바꿔야 한다.

더불어 교사와 부모들에게는 "너 몇 등이냐? 공부 열심히 해라"는 말은 절대 하지 말아야 한다고 강조했다.

다음으로 교육 대상별로 4개의 분임으로 나누어 의사소통의 형태와 과정에 대해 배우고 직접 실습하며 기술을 습득했다. 각 교육 대상들이 상대의 처지에서 생각하고 경청하려면 진실한 마음가짐과 요령 두 가지가 필요한데, 요령은 '확인하기'와 '감정 읽기'로 여기에 대한 설명을 듣고 실천 방법을 익혔다.

다양한 사례를 통해 반복하기, 요약하기, 자기표현 바꾸기 등을 실습하며 소통을 활성화하는 방안을 찾아가는 시간을 가졌다. 여기에 더하여 학생, 학부모, 교사가 모두 참여하는 소통 드라마를 만들고 시연하며 즐거운 체험 실습 시간을 가졌다.

끝으로 소통캠프를 통해 학생과 학부모, 교사는 소통 활성화를 위한 각자의 다짐을 발표하면서 1박 2일 동안의 소통캠프를 마무리했다.

2차 소통캠프 역시 같은 장소에서 진행하였다. 161명이 참석한 가운데, 특강, 소통 기술 습득, 소통 문제점 진단 및 피드백, 소통 드라마, 소통을 위한 다짐 등의 프로그램을 통해 일상생활에서 할 수 있는 소통 기술 개선을 위한 학습 시간을 가졌다.

강사로는 서울종합예술대학교 신상훈 교수가 '소통과 펀, 유머가 이긴다'는 주제로 강연했다. 신상훈 교수가 한 강의 일부를 옮겨보면 다음과 같다.

"요즈음 대부분의 젊은 친구들은 가장 원하는 게 돈이라고 대답한다. 건강이라고 답하는 사람은 거의 없다. 하지만 요즈음 젊은이들이 모르는 게 있는데 바로 웃음이 돈벌이와 직결된다는 점이다. 돈을 많이 번 사람들을 보면 항상 웃고 있다는 점에서도 이를 알 수 있다. 또 웃음은 창의성, 아이디어와도 연결된다. 웃음을 우습게만 보지 말고 나의 무기로 삼아보자. 웃음을 통해 건강과 창의성도 좋아지고, 돈까지 벌 수 있다면 정말 행복한 일이 아니겠는가."

강연에 이어 교육 대상별로 6개의 분임으로 나누어 소통 기술을 직접 지도받는 시간도 있었다. 이는 사실과 지각의 구분, 확인하기, 공감하기 등을 연습하는 과정으로 진행하였다.

청소년, 부모, 교사가 함께 모여 일상생활에서 일어나는 갈등에 대한 다양한 사례를 모아 갈등을 해결하고, 올바른 소통을 이뤄가는 드라마를 만들고 시연했다. 이때 만든 소통 드라마는 EBS에서 방송되기도 했다.

학교 폭력과 불통을 넘어 우리 사회가 소통으로 가는 세상을 학생 때부터 만들어나갈 수 있도록 이 소통캠프를 진행했다. 비록 2회에 불과했지만, 소통캠프에 참석한 학생들의 가슴에 심어진 소통의 씨앗이 지금까지 큰 나무로 자라고 있으리라 생각하며 앞으로도 이런 프로그램이 많이 기획되고 실천되기를 바란다.

06

현장의 목소리는 울림이 크다

미디어가 발달하고 의견 개진의 경로가 다양해지면서 과거보다 국민의 의견이 정책 과정에 반영될 수 있는 여지도 늘어났다. 한편으로는 현재의 여론 수렴이나 전달 방식이 기술적으로 복잡한 첨단 전자 매체에 많이 의존하고 있어 기술적 혜택을 누리지 못하는 사람들은 오히려 이러한 여론의 광장에서 소외될 가능성이 높아졌다.

정부에서는 다양한 방식으로 국민과의 소통을 시도하고 있으나 주부, 농민 같은 서민들은 아직도 의견을 전달하기 어려운 측면이 있고, 따라서 불만도 생기는 것이다. 특히 지방 거주 국민은 자신들의 의견이 잘 전달되지 않는다고 느끼는 경우가 많다.

사회통합위원회는 이런 문제점을 해결하기 위해 대통령실 사회통합수석실과 공동으로 '공생 발전, 현장에서 민의를 듣다'라는 프로그램을 기획하여 국민의 의견을 직접 수렴하는 행사를 추진하였다. 국민의 목소리를 현장에서 직접 듣고 현장에서 제시된 의견은 각 부처의 검토를 거쳐 정책에 반영하고자 적극 행동에 나선 것이다.

위원회에서는 행사를 효율적으로 운영하기 위해 학계, 언론인, 사회통합위원회 위원 등을 포함한 7인으로 구성된 '민생현장 국민소통마당 자문위원회'를 구성하였다. 이 위원회를 통해 행사 운영의 주체, 행사 장소, 진행 방식, 참석 대상자, 의견 처리 계획 등 세밀한 사항까지 사전에 의견을 들었다.

자문위원들은 행사의 취지를 정부 정책 설명이 아닌 국민 의견 수렴으로 하여 주로 참석자의 의견을 여과 없이 듣는 방식으로 진행하고, 참석 범위는 다양한 계층으로 하되 주부, 농민, 시장 상인, 노인, 장애인, 다문화 가족 등 우리 사회의 어려운 계층들을 많이 참석시키고 전국의 주요 도시에서 순회 개최하는 것으로 의견을 모았다.

이러한 논의를 바탕으로 계획을 수립하여 2011년 9월 22일 대구를 시작으로 전국 주요 도시를 순회하는 총 17회에 걸친 행사를 추진했다. 주요 도시에서의 성과를 요약해보면 다음과 같다.

첫 번째, 2011년 9월 22일 대구로 가서 대구은행에서 행사를 진행했다. 시민단체 단위로 많이 참석하였고 시장 상인, 다문화 단체, 여성, 노인, 주부 등 시민 120여 명이 참석하였다.

주요 건의 사항은 K2 비행장 인근 주민에 대한 적절한 보상 요구, 소상공인에 대한 지원 확대, 비정규직 해소 대책 문의, 산업 단지 내

전세 버스 운송사업 반대 의견, 시내버스 CNG 용기 재검사 수수료에 대한 정부 지원 등이었다.

두 번째는 2011년 10월 6일 전남 여수로 가서 여수 상공회의소에서 행사를 진행했다. 여수 YWCA 박찬숙 사무총장이 사회를 맡아 진행하였으며 주부, 시장 상인, 소상공인, 노인, 시민단체 활동가 등 시민 80여 명이 참석하였다.

초대형 슈퍼마켓과 골목상권의 갈등, 전통시장 활성화, 청년 실업, 다문화 가족 자녀 교육 문제 등을 건의하였고, 지역을 넘어 서울대학교 법인화에 따른 백운산 연습림 소유권의 서울대 이전에 대한 반대의 목소리 등도 있었다.

세 번째, 2011년 10월 13일 강원 지역에서는 춘천 바이오타운에서 행사를 진행하였다. 강원도 여성단체협의회 박은주 회장의 사회로 진행된 행사에 시민단체 활동가, 청소년 단체, 노인 단체, 시장 상인, 지역 주민 등 40여 명이 참석하였다.

농촌 지역 특성상 교사 배치 기준을 학생 수가 아닌 학급 수로 해줄 것, 자원봉사 단체 종사자 자격 요건 완화, 소규모 농민을 위한 보관 시설 및 판로 확보 지원, 한강수계 보호구역 피해 지원, 노인 일자리 확대, 농촌 지역 청소년 수련 시설 자원 기준의 다양화 등 다양한 의견이 제시되었다.

네 번째, 2011년 10월 20일은 경남으로 가서 마산 합포구청에서 행사를 진행하였다. 권영상 재한외국인사회통합지원센터 경남지부 감사가 사회를 맡아 진행한 행사에 다문화 단체, 시장 상인, 지역 주민 등 30여 명이 참석하였다.

이 행사에서는 특히 부산 초량동 목욕탕의 외국인 출입금지 사건과 관련해 귀화한 다문화 가족에 대한 인권법 제정 청원, 이주 여성들의 육아 지원에 대한 많은 의견을 제시하였다. 또한 마을 기업 활성화, 미활용 소년원 건물의 대체용도 활용, 신중한 행정구역 통합 추진 등을 건의하기도 했다.

이후 인천, 광주를 거쳐 해가 바뀌고 2012년 5월에는 서울 지역에서도 행사를 진행하였다. 이외에도 충남 공주, 충북 충주, 경기 남양주 등에서 이 행사를 진행하였다.

서울 행사는 소비자시민모임 회의실에서 진행했는데 주로 다문화 가정과 교육에 관한 논의가 활발하였다. 베트남, 중국 출신의 결혼 이주 여성과 김은주 한국여성정치연구소 소장을 비롯한 다문화지원센터 실무자, 서울지역협의회 위원 등 20여 명이 참여하여 다문화 가정의 갈등 해소 방안을 주제로 결혼 이주 여성의 갈등 사례를 발표하고 자유 토론을 하였다.

육아 문제와 학교에서의 아이들 왕따 문제, 가족 간의 소통을 위한 언어교육의 중요성, 남편들도 그 나라의 문화를 알 수 있는 교육 프로그램의 신설 등에 관한 내용이 논의되었다.

행사 참석자 대부분이 다양한 분야의 사람들로부터 현장감 있는 이야기를 듣고 사회 현실 및 사회통합에 대한 인식의 폭을 넓힐 수 있었다는 반응이었다. 소통간담회에서 제기된 건의 사항들을 전달받은 소관 부처 및 해당 지자체는 충분히 검토하여 정책에 반영하거나 참고하겠다고 하여 소통간담회가 주는 의미를 분명히 할 수 있었다. 실제로 처리 결과와 답변 내용을 2개월 이내에 서면 또는 이메일로 건의자에게 발송하여 실질적인 해결을 볼 수 있도록 한 것이 좋은 반응을 얻었다.

진행 과정에서 참석자들의 다소 거친 표현이 나오는 경우도 있었으나 극소수였고 대부분은 사회통합위원회의 소통 노력을 높게 평가했으며, 행사를 마친 후에는 함께 사진 촬영을 하는 등 화기애애한 분위기로 마무리되었다.

참석자들 대부분은 정부에서 각계각층의 민생 관련 현장 종사자를 대상으로 전국에 걸쳐 그들의 목소리를 직접 현장에서 듣는 행사를 하는 것에 대해 긍정적으로 평가했으며, 직접적인 소통과 의견 수렴의 장을 계속 만들어주기를 요구하기도 했다.

국가가 민초들과 직접 소통하는 이런 의미 있는 행사가 자주 있어야 한다. 국민이 견디다 못해 아우성을 칠 때까지 기다릴 게 아니라 사전에 이렇게 소통 의지를 적극 발휘해야 한다. 문명의 이기가 닿지 않는 전국 구석구석까지 찾아가 국민의 의견을 경청하는 노력을 지속한다면, 대한민국의 통합이 훨씬 빨라질 것이다.

07

종교계의 화합, 종교가 종교다워지는 순간

사회통합을 위해서는 종교계의 화합도 중요하다. 종교가 이념화되어서 서로 갈등과 분쟁을 일으키는 경우가 적지 않기 때문이다.

GE의 전 CEO 잭 웰치의 지론을 들어보면, 일반인들 사이에서도 소통의 어려움이 얼마나 큰지 알 수 있다.

"기업의 핵심 가치는 700번 이상 직원들에게 말해야 전달이 된다."

"나는 어떤 메시지를 전달할 때 한번도 이 정도면 충분하다고 생각해본 적이 없다."

기업에서 경영자와 직원들 간의 소통도 어려운데 서로 다른 믿음을 가지고 있는 종교 간의 벽은 얼마나 높겠는가?

사회통합위원회에서는 이러한 인식을 바탕으로 종교 지도자들을 찾아가 경의를 표하고 종교계의 화합에 관해 이야기를 나누고, 앞으로 진행해야 할 한국 사회의 통합에 대한 조언도 구했다.

2011년 2월 15일에는 원불교 김주원 교정원장과 최근덕 성균관장을 예방하였고, 2월 25일에는 임운길 천도교령, 2월 28일에는 한국민족종교협의회 한양원 회장을 예방하였다.

2012년 2월 9일에는 KCRP(한국종교인평화회의) 대표회장인 천주교 김희중 대주교를 예방했다. 2월 10일에는 최근덕 성균관장과 한양원 한국민족종교협의회장을, 7월 17일에는 원불교 경산 장응철 종법사를 예방하는 등 종교 지도자와의 소통과 화합을 위한 활동을 전개했다.

2011년 3월 8일에는 7대 종단 대표자들과 간담회를 했다. 한국기독교총연합회 길자연 대표목사를 비롯하여 원불교 김주원 교정원장, 천도교 임운길 교령, 한국민족종교협의회 한양원 회장, 천주교 주교회의 이기락 신부 등이 참석하였다.

참석자들은 필자의 7대 종단 예방 결과를 듣고, 상반기 사회통합과 종교 간 협력 등 이후 위원회 활동 방향에 대해 자문하였다. 필자는 올해 중으로 상반기, 하반기 두 차례 종교 토론회를 개최할 계획임을 밝히고 협조를 부탁하였다. 간담회에는 문화관광체육부와 한국종교지도자협의회 관계자, 종교신문사 기자 등도 배석하였다.

이후 종교전문가 간담회를 2차에 걸쳐서 진행했고, 종교협력기구 실무대표자 간담회와 함께 종교평화선언 준비 모임을 하기도 했다.

본격적인 종교 토론회는 2011년 5월 17일 한국프레스센터에서 진행하였다. 주제는 종교와 사회통합, 상생을 위한 7대 종교 간 대화였다.

이 토론회에서 길희성 서강대학교 명예교수는 현대 종교의 성격에 대해 자신의 지론을 펼쳤다.

“어느 종교도 국가권력이나 정부의 지원이나 시혜에 기댈 수 없으며 그래서도 안 된다. 현대 종교는 순전히 개인의 영혼과 영성에 호소할 수밖에 없다”라고 규정하면서 다음과 같이 역설하였다.

“이제 어느 종교도 지나간 시대에 누렸던 독점적 지위를 다시 누릴 수 없으며 거기에 향수를 지녀서도 안 된다. 조선시대 유교나 고려시대 불교가 누렸던 것과 같은 영광은 이제는 가능하지 않다. 단지 전통이라는 이름에 의지해서 혜택을 기대할 수도 없다.

1970년대와 1980년대부터 급속히 성장해서 한국 사회의 주류 종교의 하나로 자리 잡은 그리스도교(가톨릭, 개신교) 역시 이제는 권력의 유혹을 경계하지 않으면 안 되는 상황에 놓였다. 현대 다종교 사회, 탈종교 시대의 종교들은 외부의 도움보다는 홀로서기를 해야만 한다.

어떤 종교든 순전히 메시지 자체의 힘으로 사람들의 마음을 사로잡아야 한다. 그러나 이렇게 홀로서기를 할 수 있는 종교는 이전보다 더 순수한 종교, 더 진정성을 지닌 신자들을 확보하는 종교가 된다는 사실을 인식할 필요가 있다.”

감리교신학대학교 이정배 교수는 “우리가 세우는 나라는 유교도 성하고, 예수교도 자유로 발달하고…”라는 백범 김구 선생의 말을 인용한 뒤 “종교 간 이해와 화해를 통해 크고 높은 선진 문화를 이뤄야 한다”고 주장했다.

동국대학교 정각 스님은 “각 종교가 추구하는 진리는 하나며, 종교는 다원주의에 근거해 수많은 종교적 가르침이 있을 뿐이다. 종교 간 대화는 상호 헤게모니의 양보, 사회적 지분 확보 노력의 중단이라는 양태로 전환되어야 한다”고 역설했다.

쑥고개성당 김홍진 신부는 “종교의 사상과 믿음 체계는 다르더라도 각 종교가 추구하는 것은 아름다운 세상을 만들어가는 것이다. 종교인들은 서로 존중과 배려를 통해 아름다운 공동체를 건설하기 위한 사회통합의 시대적 소명을 잊어서는 안 된다”라고 말했다.

주제 발표에 이어 정병조 금강대학교 총장의 사회로 7대 종단을 대표하는 인사들이 열띤 토론을 벌였다. 참가자들의 주된 의견은 서로의 차이점을 존중하며 대화와 상생의 길로 나아가야 한다는 것이었다.

2011년 10월 25일 2차 토론회 또한 한국프레스센터에서 열렸다. 주제는 종교와 사회통합, 시민의 눈으로 본 종교 갈등과 평화였다. 2차 토론회는 1차 토론회와 달리 시민사회와 종교 전문가들을 초청하여 외부인의 시각에서 종교 간 갈등 문제와 소통, 화해와 협력 등 종교 평화에 대한 다양한 문제를 논의하게 되었다.

이날 발표를 맡은 한성대학교 윤경로 교수는 종교 갈등은 종교 간 배타성이 문제이므로 ‘화이부동和而不同’의 정신으로 해결해야 한다는 것과 함께 종교가 집단화하면서 이기적 신앙으로 변질되어 본래의 이타성과 공공성을 잃어가고 있음을 지적했다.

또한 일부 교단의 정치화 현상을 우려하며 종교와 정치는 분리되어야 한다고 강조했다. 교회 권력의 세속화를 막기 위한 콘스탄츠 선언의 정신을 되살려 소수가 다수의 뜻을 잘 받아들이도록 해야 하며, 교회 세습은 잘못된 것으로 교회는 사유물이 아닌 공동체의 것이라는 점을 상기해야 한다고 주장했다.

두 번째 발표를 맡은 고려대학교 조성택 교수는 시민사회의 관점에서 볼 때 종교의 절대성은 사적 영역에 속하며 시민사회가 기반을 두는 사회공동체의 공적 영역과는 구별되어야 한다고 주장했다. 오늘날 발생하는 종교 갈등의 대부분은 종교인이 시민으로서의 정체성을 망각하거나 무시하는 데서 비롯되며 무분별한 선교 행위로 인한 공적 권력 편향성, 종교사하에서의 일방적 종교 교육 등 종교 갈등의 기제가 일상화되어 있음을 지적했다. 또한 한국 사회 종교 갈등의 문제는 종교적·신학적 해결이 아닌 민주주의 실현을 위한 시민교육 및 사회적 공공성을 지키기 위한 법과 제도의 문제로 접근해야 한다고 주장했다.

이런 열띤 논의를 거쳐 각기 다른 종교 간에 서로 이해하고 포용할 수 있는 계기가 마련되었다. 이후에 전국 종교인 화합 대회를 개최하여 그 분위기는 한층 고조되었다.

2012년 10월 20일, 경기도 과천시 관문체육공원에서 한국종교인평화회의 주최로 전국 종교인 화합 대회를 개최하였다. 전국 종교인 화합 대회에서는 그간 사회통합위원회가 2011년부터 7대 종단과의 간담회, 종교 토론회 등을 통해 분위기를 조성하였던 종교평화선언을 낭독하였다. 프로그램 행사 내용 중 '화합의 의식' 때는 7대 종단 수장들과 함께 대형 비빔밥 퍼포먼스를 하여 행사의 의미를 되새겼다.

종교가 인간을 근본적으로 구원할 수 있다는 측면에서 종교 간의 화합은 너무나 중요하다. 그런 의미에서 이런 프로그램들이 매년 계속해서 기획되고 진행되기를 바란다. 더 나아가 한국에서 시작된 종교 간의 화합운동이 세계적인 흐름으로 뻗어나가 더는 종교 때문에 사람이 다치고 죽어나가고 서로 증오하는, 종교 본연의 의미와 무관한 참상이 벌어지지 않기를 꿈꾸어본다.

당시 낭독했던 종교평화선언문을 여기에 옮겨본다.

종교평화선언문

전국 종교인 화합 대회에 모인 우리 종교인들은 종교 화합과 평화가 세계 평화와 한국 사회의 평화를 이루는 데 가장 중요한 요소라는 공통된 인식하에, 종교 평화를 실현하기 위해 다음과 같이 실천해나갈 것을 다짐합니다.

하나, 우리 종교인들은 종교 간 다양성을 존중하고 이웃 종교도 소중히 생각하겠습니다. 이웃 종교와 손을 잡고 사회통합을 위하여 앞장서겠습니다.

하나, 우리 종교인들은 종교 세속화와 종교 갈등을 일으키는 자기 종교 중심의 태도를 진지하고 겸허하게 반성합니다.

하나, 우리 종교인들은 진리의 개방성을 갖고 배타적 태도를 극복하여 민주주의 이념과 상식에 부합하는 종교의 길을 추구하겠습니다.

하나, 우리 종교인들은 서로의 차이와 다름을 존중하며 진리를 향한 길 위에서 동반자임을 확신하고 사회적 공동선의 실현을 위해 선한 벗 됨을 인정하겠습니다.

하나, 우리 종교인들은 종교 활동의 근본 목적이 인류 사회의 평화와 행복에 있음을 믿고 바른 실천을 통해 생명 평화 공동체를 실현해나가겠습니다.

하나, 우리 종교인들은 종교적 편향성을 부추기는 모든 시도에 공동 대처하여 상생과 평화의 길을 열어가겠습니다.

– 2012년 10월 20일, 전국 종교인 화합 대회 참가자 일동

08

풀뿌리 지역화합운동의 무한 가능성

앞서도 언급했지만, 지역 갈등은 국민적 통합을 저해할 뿐 아니라 국가 정책의 효율적 추진을 방해하고, 정부 간 또는 정부와 주민 사이의 오해와 불신을 가져온다. 지역 갈등의 해결은 선진국 진입을 앞둔 우리에게 반드시 선행되어야 하는 과제다.

지역 간 소통이 되지 않으면 국가 경영이 제대로 될 리가 없다. 소통되지 않아 경영에 실패한 사례는 수두룩하다. 리먼브러더스의 CEO 리처드 폴드는 사내 의견을 무시하고 독선적인 리더십을 발휘했으며, 조직 내 소통을 경시했다. 그 결과 파산에 이르렀다. 한 기업의 경영이 이러할진대 국가 경영은 어떻겠는가?

2000년대 초까지만 해도 지역 갈등은 영호남 지역감정의 문제로 수렴되었는데, 근래 들어 도시와 농촌 또는 수도권과 비수도권 간 격차의 문제가 더 중요한 이슈로 부상하였다. 즉 지역 갈등이 지역 가정의 문제를 넘어 사회경제적 차원의 지역 불균형, 사회심리적 차원의 지역 간 거리감과 편견, 정치적 지역 균열 등의 문제로 다양화하는 것이다.

지역 갈등의 원인과 관련해 기존 연구들에서는 지역 간 불균등 발전에 따른 경제적 격차, 폐쇄적인 인사 정책, 지역민 간의 거리감, 편견, 고정관념 등이 공통으로 지적돼왔다. 이러한 요인들이 정치적으로 조직될 때 지역 갈등이 표출된다고 설명한다.

따라서 지역 갈등을 해결하기 위해서는 지역 갈등을 조직화하는 구조적 요인인 정치제도를 우선 개선해야 한다. 이와 함께 지역 간 경제적 불평등 구조의 개선, 인물 등용의 지역 안배, 지역 간 교류 증대를 통한 편견과 소외 의식의 해결 노력이 종합적으로 이뤄져야 한다.

사회통합위원회에서는 이런 지역 갈등 해소를 위해 민간단체들이 주도하는 지역화합운동이 효과적일 것으로 판단하여 '풀뿌리 지역화합운동'이라는 슬로건으로 다양한 지역화합운동을 발굴하여 지원하는 활동을 펼쳤다.

풀뿌리 지역화합운동의 목적을 간단히 살펴보면, 정부 중심의 하향적 접근과는 달리 지역에 기반을 둔 주민 조직들이 자발적으로 네트워크를 형성함으로써 신뢰와 협력을 증진해나가는 활동이다.

또한 지역민들에게 자발적 참여 속에서 서로의 차이를 이해하고 동질성을 발견할 기회의 장을 제공한다. 지역민들은 다양한 관계망을 형성하여 사회적 가치를 공유하고, 상호 의존적 협력 관계를 발전시킨다. 그뿐만 아니라 자생성과 자립성에 기초하기 때문에 시민 자치라는 민주적 이상을 실현한다는 의미도 담고 있다.

이런 목적을 달성하기 위해 사회통합위원회에서는 풀뿌리 지역화합 운동을 실천하는 단체들을 발굴하고 격려했다. 그러한 단체들이 주관하는 지역화합 행사에 적극 참여하고, 모범 사례들을 자료집으로 엮어 배포함으로써 지역화합의 필요성을 널리 확산했다.

구체적인 활동 내용을 돌이켜보면, 영호남 지역 간 온라인 네트워크를 구축했다. 2011년 5월, 지역 간 교류, 화합 활동을 하는 사회단체를 발굴하여 네트워크를 구축한 것이다. 사회통합위원회 홈페이지에 지역화합 활동을 하는 195개 기관, 단체의 현황과 활동 상황을 게재하고, 이들 단체의 홈페이지를 상호 연결함으로써 각종 자료와 정보를 공유하게 하였다.

다음으로 지역화합 간담회를 열었는데, 호남 지역에서 한 번, 영남 지역에서 한 번 열었고, 2011년 12월에는 지역화합운동 시민사회단체 전국 간담회를 열기도 했다. 영호남이 교류하는 대학생 간담회를 개최하기도 했다.

'신사고'라는 포럼과 함께 영호남 학술세미나를 주최했다. 신사고는 열린 마음과 깨어 있는 의식을 모토로 내걸고 부산 지역의 교수, 언론인, 문화·예술인, 기업인 등 여론 지도층 인사 100여 명이 발기인이 되어 1994년 10월 28일에 창립한 단체다. 각종 학술세미나를 통해 지역사회의 발전을 위한 합리적인 공론을 이끌어내고 대안을 제시해왔다. 한편으로는 영호남 간 지역 갈등 해소와 공동 발전 방안을 모색하기 위해 광주 지역에 있는 소교포럼과 공동으로 민간인 협의회를 개최해오고 있었다.

사회통합위원회는 신사고 포럼이 지역사회 통합을 위해 펼쳐온 노력을 격려하기 위해 2012년도 학술대회를 공동 주최하였다. 이는 2012년 7월 7일 경남 사천 남일대리조트 엘리너스호텔에서 개최되었으며, '선거와 지역 균형 발전 및 지역 구도 해소 가능성'을 주제로 삼았다.

필자는 기조강연에서 지역 균형 발전 및 지역구도 문제의 해결을 위해서는 정치적 기회주의와 대결주의를 제거하고, 시민의식의 함양이 절실히 필요하다고 하면서, 시민사회단체에서도 능동적으로 지역화합 운동의 분위기를 조성하여 지역 갈등 해소 및 범국민적 사회통합에 공헌해달라고 당부했다.

삼도봉 행사에도 사회통합위원회가 함께했다. 삼도봉 행사는 경상도와 전라도, 충청도민들이 정치적 요인에 의해 나빠진 지역감정을 비정치적 문화 교류를 통해 극복하는 데 목적을 둔 일종의 문화 행사다. 삼도봉은 해발 1176m 백두대간에 놓인 봉우리로 경상북도 김천시, 전라북도 무주군, 충청북도 영동군 등 3도 3시·군의 경계를 이루는 산으로, 3개 도가 합쳐진다는 지리적 의미뿐 아니라 역사, 문화, 사회적 교류의 상징성을 갖는 곳이다.

삼도봉 행사는 1989년 10월 10일 금릉군(현 김천시), 무주군, 영동군 군수와 문화원장이 삼도봉 대화합협약서 체결로 시작되었고, 매년

10월 10일 각 지역 문화원이 돌아가며 삼도봉 만남의 날 행사를 주관한다.

사회통합위원회는 삼도봉 만남의 날 행사 24주년을 맞아, 그 의미를 되새기고 치하하기 위해 위원과 지원단 직원 30여 명이 함께하기로 했다. 본 행사에는 사회통합위원회 관계자 외에도 무주군수, 김천시장, 영동군수, 무주군 의장 및 문화원장과 주민 등 총 1000여 명이 참석했다.

필자는 그 자리에서 3도 화합 기원사를 했다. 지역화합은 진솔한 만남에서 시작되는 것이다. 이 행사가 지역화합의 발원지인 삼도봉을 넘어 우리 사회의 통합을 이뤄주기를 바란다. 함께 소통과 나눔, 화합의 길로 나아가자고 강조했다.

풀뿌리 지역화합운동 단체들을 대상으로 우수 사례 경진 대회를 추진함으로써 단체들의 자긍심을 고취할 수 있었다. 이 대회에서 경주지역발전협의회, 광주북구협의회, 소외계층 지원사업을 펼쳐온 부산의 수영사랑회 등이 수상의 기쁨을 누렸다. 그리고 지역화합 활동 활성화 및 성과 공유를 위해 우수 사례 공모 대회에 신청한 출품작을 사례집으로 제작·발간하여 지역화합단체, 전국 지방자치단체 등에 배포하였다.

돌이켜보면 풀뿌리 지역화합운동은 다양한 성과를 낳았다. 가장 먼저 손꼽을 수 있는 것은 지역 차원에서 이루어지는 지역화합운동 단체들과 정부 기구 간에, 그리고 지역화합운동 단체 간에 네트워크를 형성했다는 점이다. 이러한 네트워크는 앞으로도 필요에 따라 사회통합위원회와 지역화합운동 단체 간 또는 지역단체 상호 간 협력의 기반으로 작용할 수 있을 것이다.

다음으로, 지역민들에게 사회통합위원회의 기능을 알리는 한편, 사회통합의 필요성을 새롭게 인식하는 계기를 제공했다. 사회통합위원회 차원에서 지역화합 행사에 적극 참여하고, 단체들이 상호 교류할 수 있는 장을 마련함으로써 사회통합위원회의 존재와 역할을 알리고 활용할 방안을 제시한 것이다.

언론 보도를 적극 유도함으로써 풀뿌리 지역화합운동 단체들에게 활동의 동기를 부여하는 한편, 지역화합의 인식 확산에 공헌했다. 이 운동을 진행하는 2년 동안 풀뿌리 지역화합운동과 관련 있는 사회통합위원회의 활동은 중앙일간지와 지방지 등을 포함해 총 53차례 보도되기도 하였다.

마지막으로, 지역화합운동 단체들과 나눈 간담회를 통해 건의 사항을 수렴하는 과정에서 정부에 어떤 지원이 필요한지 확인했다. 많은 단체는 지방자치단체들의 행정적·재정적 지원, 언론사의 홍보 지원이 필요했다. 이는 앞으로 정부 차원에서 지역화합운동 단체들에 대한 구체적 지원 방안을 마련하는 데 참고 자료로 활용할 수 있을 것이다.

소통을 부르는 유쾌한 대화법

김효석, 김효석아카데미 대표

소통에는 기술이 필요하다. 단순히 소통을 잘해야지 하는 마음가짐만으로는 부족하다. 상대방을 설득하는 것은 대표적인 소통의 한 방식이다. 여기서는 상대방을 설득하는 방법을 중심으로 소통에 대해 알아보고자 한다.

우리가 인생을 살아가는 데 있어서 설득을 잘할 수 있는 방법은 4가지 키워드로 요약할 수 있다.

첫째, 궁금이다. 상대방의 귀를 열어야 한다. 이것이 바로 궁금의 기술이다. 상대방으로 하여금 뭔가 내 얘기가 궁금하고 듣고 싶게 만들어야 설득을 할 수 있다.

둘째, 칭찬이다. 그다음에는 마음을 열어야 한다. 칭찬의 기술이다. 상대방에게 칭찬으로 접근했을 때 상대방의 마음이 열리며, 마음이 열려야만 설득할 수 있다.

셋째, 평소이다. 평소에 잘해야 한다. 선물이라는 게 꼭 물질적인 것만 의미하는 게 아니다. 평소에 사람들을 챙겨주고 도와주는 마음의 선물도 선물이다. 평소에 다양한 인간관계를 쌓아놓아야만 결정적인 순간에 설득할 수 있다.

넷째, 인사다. 남을 설득하고 그 사람 마음을 짧은 시간에 열기 위해서는 인사를 잘해야 한다. 인사를 할 때는 진심으로 해야 한다. 누군가 나에게 갑자기 연락하고 문자를 보내오면 그게 진심일까? 우리는 진심을 어떻게 알 수 있을까? 진심 어린 인사를 하기 위해서는 눈을 바라보며 인사를 해야 한다.

덧붙여 원활한 대화를 위한 방법 두 가지를 제시하겠다. 우선 복사법이다. 이 복사법은 상대방의 말을 끊지 않고, 하고 싶은 말을 계속할 수 있게 하여 그 결과 스스로 결론을 내리게 할 수 있는데, 이것이 바로 소통이고 배려다.

다음은 칭찬법이다. 내가 칭찬을 많이 하면 상대방도 나한테 칭찬한다. 칭찬은 나에게 돌아오고 결국 행복해지게 된다. 중요한 점은 스스로에 대한 칭찬도 많이 해줘야 한다는 것이다. 나에 대한 자존감이 있어야 남도 칭찬해줄 수 있다는 것을 잊지 말아야 한다.

설득과 대화는 소통이라는 나무의 출발이자 뿌리로, 뿌리가 튼튼해야 나무가 잘 자라듯 여기서 배운 방법들을 잘 활용해 올바른 설득과 유쾌한 대화로 소통이 잘되는 행복한 사회를 만들기를 희망한다.

09

사회통합 UCC 공모전, 젊음이 들려주는 통합의 길

사회통합위원회와 한겨레사회정책연구소는 우리 사회의 통합을 가로막는 차별과 폭력을 돌아보고 이를 극복하는 계기를 마련하기 위해 사회통합 UCC 공모전을 열었다. 사회통합 UCC 공모전에서는 '우리 사회의 통합을 가로막는 우리 안의 차별과 폭력, 어떻게 극복할 것인가?'라는 큰 주제 아래 우리 사회에 존재하는 차별과 배제, 일상생활에 스며든 물리적·언어적 폭력을 다루었다.

참가 대상은 대학생과 고등학생으로 개인 혹은 팀별 참여가 가능했다. 사회통합 UCC 공모전 홍보는 온·오프라인 홍보가 동시에 이뤄졌는데, 신문 〈한겨레〉, 온라인 커뮤니티, 학교 포스터, 홍보·광고·영상 관련 학과 홈페이지 등을 통해 알렸다. 출품된 작품은 고등학생 32편, 대학생 34편 총 66편이었다.

출품한 작품들은 우리 사회의 차별과 배제의 단면을 잘 드러냈다. 총 66편 중 40편은 외국인 노동자, 다문화 가정, 장애인, 동성애, 여성, 노인 등에 대한 차별과 배제의 내용이었다. 13편은 학교 폭력 등 일상생활에 스며든 폭력, 11편은 분열된 사회, 외톨이, 강정마을 등에 관한 내용이었고, 나머지 기타 2편이었다.

심사는 1·2차로 나눠 엄격하게 진행하였다. 본선 심사는 창의성, 주제 적합성, 표현과 구성이라는 심사 기준에 따라 심사위원들 간의 자유로운 토론을 통해 수상 대상작을 선정하는 절차를 거쳤다. 본선 진출작 32편에 대한 심사를 거쳐 대상 1편, 최우수상 3편, 우수상 4편, 장려상 6편으로 최종 수상작 14편을 선정했다.

고등학교 출품작이 대학생 출품작보다 수준이 떨어질 것이라는 애초의 우려와 달리 내용이나 기법, 질적인 측면 등에서 전혀 떨어지지 않았고 심사위원들의 호평을 받았다.

작품 대부분이 삶의 주변에서 일어나는 부조리한 현실에 대해 진지하게 고민하는 모습을 담았고, 무거운 주제임에도 젊은이들의 발랄함이 드러나 신선했다.

수상작들의 면면을 조금 깊숙이 들여다보면서 사회통합에 대한 아이디어와 젊은이들의 사회통합에 대한 생각을 읽어보려고 한다. 지면 관계상 대상과 최우수상 4편만을 살펴보자.

대상을 차지한 〈나비효과〉는 찰흙으로 인형을 만들어 촬영하는 클레이메이션claymation 기법으로 사회와 학교에서 외국인을 편견으로 대하는 사례를 제시하고, 상황에 따른 마음속 갈등을 보여줬다.

영상을 보면 공원 벤치에 앉아 있는 남자아이 옆에 다문화 가정의 아이가 앉는다. 아이는 고민한다.

'왜 이렇게 가까이 앉아? 옮길까?'

'뭐, 어때? 외국인인데. 피하면 기분 나빠할 거야.'

길을 가던 여학생에게 다문화 가정의 아이가 길을 묻는다. 여학생은 고민한다.

'바쁜데 귀찮아.'

'외국인한테 친절해야 하는데….'

이런 선택의 고민 속에서 많은 사람이 차별과 배제를 선택하면 우리 사회는 어우러지지 못하고 갈등을 빚게 되고, 이해와 관용을 선택하면 우리 사회는 다문화 가정의 아이들을 사회의 훌륭한 일원으로 품을 수 있다는 메시지가 담겨 있었다.

최우수상을 받은 〈우리에게 남은 것은〉은 수도여자고등학교 재학생들의 작품으로 흑백 화면에 학교 옥상으로 보이는 곳에 여고생의 신발이 놓여 있다. 첫 장면은 학교 폭력의 피해자 학생이 자살하는 것으로 시작한다. 가해자들은 자신들의 행동을 대수롭지 않게 여겼으며, 방관자들은 자신들의 책임을 알지 못하거나 알고도 무시했다. 도움을 줄 것이라 기대한 선생님마저 피해자 학생에게 상처만 남겼다.

가해자와 방관자 아이들은 자살한 아이가 죽기 전 쓴 편지를 읽는다. 그들은 편지를 읽으면서 자살한 아이가 살아 있을 때 괴롭히지 않았다면 함께 어우러져 친하게 지냈을 모습을 상상한다. 장면은 흑백에서 컬러로 바뀐다.

이 작품은 학교 폭력 문제를 정면으로 다뤘다. 의식적으로 또는 무의식적으로 행하는 가해와 방관의 행위에 대한 자기반성과 함께 해결 방안까지 생각하게끔 제작되었다.

또 다른 최우수상 작품 〈그들에게 무서운 흉기〉는 우리 사회에 만연한 무관심과 외면을 주제로 제작되었다. 외면으로 발생할 수 있는 학교 내 폭력, 직장에서의 성차별, 외국인 근로자 차별 등을 드라마 형식으로 참신하게 제작하여 최우수상을 받았다.

역시 최우수상을 받은 〈노숙인의 정의〉라는 작품은 노숙에 대한 새로운 정의가 필요하다는 관점에서 출발하여 노숙인들을 직접 인터뷰해서 노숙인들의 고충을 다루고 새로운 노숙인의 정의를 제시했다. 〈노숙인의 정의〉는 2012년 10월 13일 서울시가 서울 청계광장에서 노숙인 및 주거 취약 계층을 위해 진행한 헌 옷 기부행사인 '더 빅 드림 The Big Dream'에서 상영되기도 하였다.

수상작은 교육용 CD로 제작하여 중고등학교 및 청소년지원센터 5600곳에 배포하였다. 사회통합 UCC 공모전 수상 작품들은 학생들 스스로 문제의식과 해결 방안에 대해 참신한 아이디어와 분명한 메시지를 담은 작품들이다. 이 작품들은 사회통합 교육뿐 아니라 학교 폭력, 다문화 가족 차별 문제, 일선 학교에서 일어나는 문제 등에 대한 교육과 생활지도에도 유용한 자료로 활용할 수 있을 것으로 판단된다.

자라나는 학생들을 이러한 의미 있는 작업에 직접 참여하게 함으로써 사회통합에 대한 인식이 향상되었고, 교육용 자료까지 남길 수 있었으니 일거양득의 효과를 누릴 수 있는 훌륭한 공모전이었다.

10

국가공론위원회, 민관 갈등 해결의 실마리를 찾다

국가공론위원회는 공공사업에 관한 갈등을 항시적이고 제도적으로 관리하기 위해 기획되었다. 국가 차원의 대규모 정책이나 공공사업을 추진하는 과정에서 민관이 서로 충돌하는 일이 지나치게 자주 발생하였기 때문이다.

이제 관료주의로 밀어붙이기에는 국민의 의식이 과거 백성이라고 불리던 시대에 비해 정말 많이 성장했다. 그렇다고 국민 의식의 성장이 잘못됐다는 뜻이 아니다. 사실 국가의 정상적인 성장과 발전을 위해서는 반드시 국민의 의견을 듣고 조율할 필요가 있다.

스마트폰이 등장하기 전 세계 휴대전화 시장을 휩쓸었던 노키아의 운영체제 심비안의 디자이너는 9년 동안 심비안의 성능 개선을 위해 500개나 되는 제안을 했지만 하나도 채택되지 않았다고 고백했다. 이디자이너는 노키아의 승인 시스템이 "구소련 스타일의 관료주의"라 지적했다. 결국 2010년 미국 시장의 35%를 차지했던 시장점유율은 2010년 4월 8.1%로 폭락했다.

반면 골드만삭스의 CEO 로이드 블랭크페인은 구조조정 과정에서 직원과 직접 소통하는 노력을 기울여 위기를 신속하게 극복했다. 이처럼 한 나라의 지도자, 정부는 독선을 버리고 국민과 소통해야 한다. 이익집단이 다양하고, 복잡다단한 문제들이 많은 현대사회일수록 더더욱 그렇다.

사회통합위원회가 출범했을 때, 국민으로부터 합법적으로 권한을 위임받은 국가기관이 결정한 사안에 대해 국민 다수가 문제를 제기하고, 국가기관은 국민 다수의 반대에도 해당 정책이나 사업을 강행함으로써 심각한 갈등에 봉착하는 상황이 되풀이해서 발생했다.

정부 차원에서 강한 의지를 갖고 추진하는 공공 정책이나 사업은 사회적·경제적으로 광범위한 영향을 미치는 만큼 정부가 갈등 조정의 주체가 되어야 한다. 하지만 공공 정책이나 사업의 주관 기관이 동시에 갈등을 조정하는 역할을 맡기에는 그 중립성을 인정받는 데 한계가 있다.

이러한 상황에서 국민은 국가기관과 대립적 위치에 서게 되고, 그러한 과정에서 갈등 상황을 통제할 수 없다는 무기력함과 동시에 정부에 대한 불신을 키우게 된다.

미국, 일본, 캐나다, 독일, 프랑스, 덴마크 등과 같은 선진국을 살펴보면 정부정책이나 공공사업을 추진할 때 상당 기간 대안적인 제도들을 적극 활용함으로써 기존 대의적 방식이 보여왔던 한계점들을 보완해왔다. 특히 프랑스나 덴마크에서는 국가정책이나 공공사업의 초기 단계부터 독립 행정기관으로 하여금 심의 과정을 진행하도록 함으로써 예상되는 갈등을 효과적으로 예방해왔다.

그동안 국내에서도 주민투표법이나 공공기관의 갈등 예방과 해결에 관한 규정 등을 제정해 공공갈등 해결 과정에 제한적이나마 활용해왔다. 그런데 이러한 제한적 시도의 효과성마저 상반된 평가가 나왔다.

이러한 문제점을 인식하고 사회통합위원회는 대규모 국가정책이나 공공사업의 추진 과정에서 국가기관의 정책 결정과 국민의 여론이 상충하는 국론 분열의 상황을 사전적으로 예방하고 조율할 방안을 모색하고자 했다.

그 결과 프랑스 공공토론위원회CNDP 같은 외국의 사례를 모범으로 삼아 가칭 '국가공론위원회의 설립 및 운영 방안'을 마련하고 효과적이고 안정적인 운영을 뒷받침할 수 있는 법률안 마련을 위한 연구를 추진했다.

당시 연구 결과를 요약해서 정리하면 국가공론위원회는 다음과 같이 구상되었다.

본 기구의 가장 큰 특징은 독립성을 가진 행정기구로서의 위상을 법률로 보장함으로써 기구 운영의 중립성과 신뢰성을 확보하도록 하였다. 기구의 구성은 크게 공공 토론의 대상과 사업을 결정하고 예산을 관장하는 등 중추적인 역할을 담당하는 국가공론위원회와 사안별로 공공 토론을 진행하는 임시 조직인 공공토론위원회, 지원 업무를 담당하는 사무국으로 이뤄진다.

이 중 핵심이 되는 국가공론위원회는 운영의 공정성을 담보하기 위해 고위 관료, 국회의원, 법관, 지방 4단체 추천인, 갈등 관리 전문가, 환경단체 대표 등 총 19명으로 균형 있게 구성하고, 위원장은 대통령이 임명한다.

국가공론위원회는 갈등 사안에 직접 개입하여 사안을 조정하거나 중재하지는 않는다. 다만 정부 사업의 내용과 목적에 관한 정보를 대중에게 충분히 전달하고 광범위한 의견을 수렴함으로써 사회적 공감대를 형성하는 데 목적을 둔다. 이를 위해 대중적인 공공 토론이 공정하게 이뤄질 수 있도록 토론 절차를 설계하고 진행하는 역할을 한다.

이렇게 시도된 국가공론위원회의 설립은 실질적으로 명료하게 추진되지는 못했다. 하지만 그 시도만큼은 높이 평가받아야 하며, 당시 연구 결과는 현 정부나 앞으로의 정부에서 중요한 참고 자료로 활용할 수 있으리라고 본다.

11

사회통합지수의 개발과 첨단 IT기술의 활용

사회통합지수의 개발과 첨단 IT기술의 활용은 사회통합에 관한 문제를 더욱 과학적인 방법으로 접근하고자 하는 노력의 하나로 추진되었다.

먼저 사회통합지수는 기존의 사회통합에 관한 논의가 때로는 선언적이며 추상적으로 흐르는 경향이 있다는 문제 제기로 기획되었다. 더욱 객관적인 현상으로 분석해야 할 필요성이 있다는 판단 때문이었다. 사회통합 문제와 관련한 정치적·정책적 논의를 객관적 논거에 의해 진행하려면 수치로 된 데이터가 필요했던 것이다.

이러한 문제의식 아래 사회통합위원회는 한국의 사회통합 지표에 대해 두 차례의 연구를 진행한 바 있다. 이 중 '한국 사회통합지표 연구'는 사회통합의 개념 및 외국의 지표체계 검토, 지표체계의 기본 구조, 주요 지표의 시계열time series, 時系列적 변화 추이 및 갈등 영역별 사회통합 실태 등을 분석하였으며, '사회통합지표 연구Ⅱ'에서는 우리나라의 사회통합 정도에 대한 종합적 파악과 사회통합 지표체계의 정책적 활용도 제고를 위한 사회통합지수 산출 가능성에 대해 모색하였다.

여러 가지 한계와 약점이 있었지만, 사회통합위원회에서는 사회통합지수 개발이 사회통합에 대한 종합적 파악과 정책적 활용도를 높이기 위해 중요하다는 판단하에 지수를 산출하기로 하고 꾸준히 연구에 매달렸다. 다만 복합적 사회현상에 대해 단일한 종합지수를 통해 표현하는 작업이 갖는 단점과 한계를 고려하여 단일한 지수가 아닌 사회적 결속, 안정성, 형평성 등 3개 분야에 대해 분야별 지수로 작성하는 절충안을 취하기로 하였다.

이렇게 분야별 사회통합지수를 개발하여 주로 OECD 국가들 가운데서 우리나라의 분야별 사회통합지수가 어느 수준인지를 살펴보고, 장기적으로 어떻게 변해왔는지를 연구했다.

이렇게 개발된 사회통합지수는 순수 학술적 목적 이외에도 정책 활용의 측면에서 접근할 필요가 있다. 사회통합지수의 형태로 파악된 분석 결과와 그 원인을 정책에 반영하고 이것을 관리할 부처를 지정한다면, 국민의 관심을 끌고 상당히 의미 있는 효과를 거둘 것으로 생각한다.

다음으로 정보통신 기술의 활용에 대해 알아보자. 정보통신 기술은 전 세계적인 흐름과 함께 우리 사회 곳곳에서 활용되어 이제 삶의 일부가 되었다. 그런 흐름을 따라 사회통합에서도 정보통신 기술을 활용하기 위한 노력을 지속했다.

21세기와 함께 정보통신 기술은 더욱 고도화되고 있다. 제1차 정보통신 기술 혁명이 컴퓨터와 인터넷의 확산으로 전 지구촌의 네트워킹 혹은 정보화였다면, 최근 제2차 정보통신 기술 혁명은 소위 '융합적 전환'을 기반으로 한, 각종 미디어와 정보통신 관련 기기들을 상호 연결하는 것이다. 이와 더불어 스마트폰과 소셜네트워크서비스Social Network Services, SNS가 사회적 관계를 재구성하였다.

정보통신 기술의 공간 초월적 능력을 지역 격차의 피해 지역이라고 할 수 있는 농촌 지역에 제대로 활용할 수 있다면, 상대적으로 적은 경비와 인력을 가지고도 격차를 해소할 수 있다고 생각했다.

한국 사회는 세계 최고 수준의 정보통신 기술 기반을 구축하고 있다. 전자산업 분야에서 세계 최첨단을 선도하고 있으며, 사회적으로도 정보통신 혁명의 물결이 SNS를 비롯하여 다양한 형태로 퍼지고 있다. 전자정부 구축에서 세계 평가 1위, 무선 초고속 인터넷 가입률 1위, 정보통신 제품 수출 비중 3위 등과 같은 세계 최고 수준의 정보 사회화를 달성한 것이다.

한국 사회가 보유한 최대 강점 중 하나라고 할 수 있는 정보통신 기술의 견실한 기반과 우월한 능력을 활용하여 현재 한국 사회를 분열시키는 지역 격차와 지역 갈등을 해결할 지역사회 통합할 방안을 연구하였다.

그 결과로 신산업의 지역 불균형, 농촌 관광의 활성화, 미국 농민시장 사례, 농촌 결혼 이주 여성, 독거노인까지 총 5가지 분야에서 정보통신 기술을 활용하였고 일정한 성과를 거두었다.

지금까지는 정보통신 분야의 우월한 능력을 지역사회 통합 방안 등에 활용했지만, 앞으로는 특히 노년층, 장애인, 저소득층, 다문화 가족, 북한이탈주민과 같은 5대 취약 계층에 폭 넓게 이러한 기술이 활용했으면 하는 마음이다.

사회통합과 소통의 벽, 이렇게 넘어라

손봉호, 나눔국민운동본부 대표

우리나라는 SNS, 인터넷 등 온갖 소통 수단을 가지고 있고 단일 언어인 한글을 사용하며, 교육 수준도 높아 서로 이해하고 의견을 발표할 수 있음에도 소통이 안 된다는 것은 굉장히 심각한 문제다. 이것은 개개인이 나빠서가 아니라 우리 문화 어딘가가 병이 들었기 때문이다.

독일의 레가툼경제연구소에서 발표한 우리나라의 신뢰지수가 110개국 중에서 76위라고 한다. 한국 사회의 상도덕이 땅에 떨어졌다는 것이다. 소통의 기본은 정직과 공정이다. 무슨 일을 판단할 때 공정하다면 신뢰가 생기고 소통은 원만하게 이뤄진다.

소통할 때는 마음 자세가 중요한데, 열린 마음과 양보가 필요하다. 소통에서 가장 큰 문제는 자기주장만 내세우고 쓸데없는 말로 말의 신뢰도를 떨어뜨리는 것이다. 협상과 타협보다 나도 배울 용의가 있다는 마음 자세와 내가 조금 손해본다는 생각이 더 중요하다.

소통이 잘되기 위해서는 대화를 많이 해야 한다. 대화라는 것은 사람이 만나서 대담하는 것인데 어떤 면에서는 소통의 가장 기본적인 형태라고 할 수 있다. 그런데 단순히 내 생각을 전달하고 다른 사람의 생각을 전달받는 것은 진정한 대화가 아니다. 대화는 그것보다 훨씬 더 깊은 의미가 있다. 단순히 정보를 교환하는 차원이 아니라 생각을 말로 표현함으로써 생각이 정리되는 것이다. 즉 대화는 정리되지 않은 정보를 정리해준다.

그리스의 철학자 소크라테스는 교육은 대화라고 했고, 그 대화 방법을 '산파술'이라고 불렀다. 산파는 아기를 낳는 사람이 아니라 낳도록 도와주는 사람이다. 스승과 제자가 대화하면 스승이 제자에게 가르쳐주는 것이 아니라 제자로 하여금 스스로 깨닫게 해주는 것이 소크라테스의 교육 방법이다. 이렇게 대화는 중요한 것이다. 그래서 서양에서는 대화를 강조한다.

미국 대학에는 토론 동아리가 상당히 많다. 자기들끼리 모여 앉아 열띠게 토론을 한다. 그 내용 자체가 중요한 것이 아니라 그렇게 대화함으로써 사고하는 능력이 생기고, 그래서 오히려 교수로부터 듣는 강의보다 더 큰 효과를 거둘 수 있다.

뉴욕의 어떤 교육학자가 초등학생들을 조사했는데, 부모의 가정 상황, 교육 상황 등과 상관없이 성적이 좋은 아이들의 특징을 봤더니 상당수의 아이가 할머니와 시간을 많이 보냈고, 대화를 많이 나누었다는 것이다. 이렇게 대화를 하면 지적인 능력이 높아질 뿐만 아니라 서로 알고 이해하게 된다. 우리가 흔히 말하는 감정이입이 대화를 통해 이뤄질 수 있다. 대화를 통해 자연스럽게 갈등이 줄어들 수밖에 없다. 가족들, 친구들과 대화를 하는 시간을 많이 만들었으면 좋겠다.

끝으로 참지 못하면 인간이 아니고, 인간이 아니면 참지 못한다는 말이 있다. 참는다는 말은 절제다. 절제해야 욕심이 줄어들고 욕심이 줄어야 다른 사람을 억울하게 하지 않는다. 이렇게 다른 사람을 배려해야 소통이 되는 것이다.

우리 후손에게 평화로운 사회를 물려주기 위해 우리 자신이 절제하고 다른 사람의 인격을 존중해서 올바른 소통이 잘 이루어지는 대한민국이 되기를 바란다.

4장

사회통합을 위한 소통의 핵심 비결

01

소통의 실마리를 찾아서

갈등이 생기는 근본 원인은 무엇일까? 철학적으로 살펴보자면 인간이 불완전한 존재기 때문이다. 사람은 누구나 실수할 수 있고 오판할 수 있다. 내가 틀릴 수도 있다. 그것을 받아들이지 않으면 갈등은 해결될 수 없다. 누구나 객관적이라면 이 세상에는 아무 갈등이 없을 것이다. 하지만 모든 인간은 주관적이고, 불완전한 존재기 때문에 갈등이 발생한다.

인간이 불완전한 존재라는 것은 17세기 영국의 대표적인 경험론 철학자인 프랜시스 베이컨의 오류추리론(우상론)을 통해 명확하게 알 수 있다.

베이컨은 인간이 모든 편견에서 벗어나 올바르게 인식하도록 사유를 정화하기 위해서는 네 가지 우상idola, 偶像(환영, 선입견)에서 벗어나야 한다고 주장했다. 첫째는 종족의 우상으로, 인간의 본성에서 유래한 편견이다. 우리는 사물을 규칙성을 통해 판단하려는 경향이 있으며 그렇게 특정한 규칙을 받아들이면 그에 반하는 것을 무시하는 경향이 있다. 둘째, 동굴의 우상으로, 각각 다른 개인이 각자가 받은 교육이나 경험, 자질에 의해 형성된 편견이다. 셋째, 시장의 우상으로 사람들과의 교류, 특히 실제 자체가 아니면서 실제를 대신하는 언어에 의해 형성된 편견이다. 넷째, 극장의 우상이다. 한 문화가 가진 인습적 전통과 역사로 인해 형성된 편견이다.

우리 인간은 누구나 이 네 가지 우상에서 벗어나지 못한다. 그렇기에 편견을 가진 불완전한 존재며, 따라서 갈등이 생기는 것이다.

이를 역으로 생각해본다면 각자의 편견과 불완전함을 인정할 때 인간의 불완전함은 오히려 갈등 해소의 출발점이 될 수 있다. 누구나 불완전한 존재이므로 우리는 서로 돕고 살아야 한다. 즉 '사람 인人'이라는 한자가 서로 지탱하는 모양을 본뜬 글자이듯이 우리가 각자의 불완전함을 받아들이고, 서로 다름을 인정하는 것이 갈등을 해결하고 통합할 수 있는 실마리가 될 것이다.

소통을 위한 또 다른 실마리를 하나 찾아보자. 인간이 만들어낸 가장 위대한 진리 중 하나가 인간에게는 하늘이 부여한, 즉 천부天賦인권이 있다는 것이다. 이는 인간 누구나가 날 때부터 타고난 천부의 인권이 있다는 학설이며 사상이다.

천부인권설은 18세기 계몽주의자들에게서 나온 사상이다. 물론 이

이념은 그보다 앞선 동양, 중국의 공맹 사상 등에서도 살펴볼 수 있다. 다만 이것이 현대 민주주의체제를 지탱하는 근간이 되는 개념으로 체계화된 것은 계몽주의 철학자들에 의해서다.

천부인권이란 간단히 정리하면 인간은 태어나면서부터 자연의 권리를 갖고 태어났으니, 각자 인격을 가진 존재로 자유롭고 평등하며 자신의 행복을 추구할 권리를 가진다는 사상이다. 자연법 이론의 하나인 천부인권설을 주장한 대표적인 철학자는 장 자크 루소다. 루소는 천부인권은 초국가적·전 법률적인 불가침의 것으로 법률은 천부인권을 바탕으로 만들어져야 하며, 국가권력이라 할지라도 천부인권은 침해할 수 없다는 것을 분명히 하였다. 이러한 천부인권설은 역사적으로 미국의 독립선언문, 프랑스 인권선언의 사상적 토대가 되었다.

자유, 평등, 행복을 추구할 수 있는 권리는 우리나라 헌법에도 그 정신이 잘 담겨 있다. 실제로는 많은 위정자나 권력자 혹은 일부 몰지각한 개인이 자신의 인권만을 소중하게 여기고, 남의 인권을 무시하는 경우가 많다.

천부인권설의 입장으로 상대방을 바라볼 수 있다면, 모든 사람은 같은 가치를 가진, 모두 소중한 존재들이기 때문에 반드시 서로 소통할 수 있고, 소통해야만 하는 것이다. 따라서 필자가 소통의 근거로 강력하게 주장하고 싶은 것이 바로 이 천부인권설이다.

02

갈등, 무조건 나쁜 것인가

사람 사는 세상에 갈등이 아예 없을 수는 없다. 갈등이 완전히 사라지는 이상 세계를 바라는 것은 공상에 불과하다. 그리고 사실 갈등이 없는 세상이 이상 세계라고 말하기도 어렵다. 갈등이 불러오는 긍정적인 효과도 있기 때문이다.

학창 시절 과학 시간에 배운 것처럼 자동차가 빠르게 달릴 수 있는 것은 바퀴와 지면이 마찰력을 가지고 있기 때문이다. 그 마찰력은 바로 갈등이며, 그러한 갈등이 있기 때문에 자동차가 달리는 것과 같은 발전을 이룰 수 있다.

이처럼 사람 사는 세상도 갈등이 있어야 발전이 있다. 물론 과유불급을 잊어서는 안 된다. 마찰력이 너무 없으면 차가 너무 빨리 달려서 사고가 날 것이고, 마찰력이 너무 강하면 차가 멈춰 서버릴 것이다. 이처럼 마찰력이 너무 없거나 많아도 차가 정상적으로 달릴 수 없는 것처럼 우리 사회도 적절한 정도의 갈등을 유지해야 한다.

인간은 모두 각자만의 개성을 가진 존재다. 개성이 있기 때문에 갈등이 있는 것이며, 그러한 개성은 인간의 존재 각각을 특별하게 만드는 매우 소중한 가치다. 갈등을 무리하게 없애고자 하는 시도는 개성을 말살하는 시도로 연결될 수 있다.

우리가 사는 사회는 개성이 있어야 아름다워질 수 있고 진보 또한 할 수 있다. 모든 사람이 각자 인권을 가지고 있는 것처럼 각자의 개성이 존중받아야 한다. 인권의 보편성이 인정되듯이 개성의 고유성이 인정되어야 한다.

사회통합위원회 시절, 한 보수 언론의 기자가 나에게 한진중공업 사태, 제주 해군기지를 둘러싼 갈등 등 굵직한 사회 현안에 대해 물었다. 아마 자신들의 정치적 색깔에 걸맞은 대답을 원했는지도 모른다.

그런데 필자는 오히려 기자에게 반문했다.

"갈등을 없애는 것이 사회통합인가요? 민주주의 사회에서는 갈등이 있게 마련이죠. 사회통합위원회의 역할은 갈등을 없애는 것이 아니라 갈등을 극복해 이를 통해 선순환 구조를 만드는 것입니다. 갈등을 더욱 근본적으로 치유할 방법들에 대해 고민하는 중입니다."

갈등을 근본적으로 치유하는 방법은 현안에 대해 한쪽의 손을 들어주거나 갈등을 완전무결하게 없애려고 하는 것이 아니다. 이는 독재국가에서나 가능한 일이다. 갈등을 극복하고 풀어나갈 수 있는 선순환 구조의 문화를 만드는 것이 중요하다. 갈등은 사회를 발전시킬 수 있는 순기능을 반드시 내포하기 때문이다.

《논어》에 군자는 화이부동和而不同 한다는 말이 있다. 서로 화합하되 편당을 지어서 이익을 도모하지는 않는다는 것이다. 반대되는 의미로 소인은 동이불화同而不和한다는 말이 있다. 서로 이익을 위해 뭉치되 화합하지는 못한다는 것이다. 군자와 소인의 이런 차이를 현대적 의미로 풀어보면 군자는 서로 각자의 개성을 가지되 화합할 수 있고, 소인은 서로의 이익을 위해 개성도 무시하고 하나의 무리가 되지만 실제로는 화합하지 못한다는 말이다. 결론적으로 화이부동이라는 말은 다른 이와 능히 화합할 수 있지만, 자신의 개성, 자신의 원칙과 중심이 흔들리지는 않는다는 말이다.

따라서 사람이 사는 사회는 각자의 개성을 존중받아야 한다. 그리고 서로 갈등을 일으키되, 적절한 양보를 통해 합의점을 찾는다. 그렇게 하며 발전해나가는 것이 성숙한 사회의 모습이다. 다만 그러한 갈등이 적절히 관리되어야 하는 것은 분명하다.

《노자》에는 화광동진和光同塵이라는 말이 있다. 빛을 다듬어 티끌과 함께한다는 말이다. 사람에 비유하면, 지혜로운 자가 자신의 덕을 화하여 세속과 함께한다는 의미로 쓰인다. 이처럼 덕이 있는 자나 덕이 없는 자나 함께할 수 있으며, 각자의 개성을 가져 부동不同하더라도 화和할 수 있는 것이 세상사다.

적절한 갈등은 세상을 발전시키는 연료가 된다는 사실을 잘 알아야 하고, 화이부동, 화광동진이라는 선현의 지혜에서 갈등을 해결할 수 있는 비결을 찾을 수 있을 것이다.

03

첨예한 갈등을 해결하는 첩경

주희의 학문적 벗이었던 여조겸은 주희와 함께 옛 성현들의 글을 모아서 《근사록近思錄》이라는 책을 펴냈다. 《근사록》은 622개의 글 조각을 14개 주제로 나눠 엮은 책으로, 스승이나 동료가 없이 혼자 공부하는 이에게 도움을 주기 위해 만든 책이다. 가까운 것을 생각한다는 의미의 근사는 《논어》에 있는 자하子夏의 말에서 따왔다.

"자하왈, 박학이독지, 절문이근사, 인재기중의子夏曰, 博學而篤志, 切問而近思, 仁在其中矣."

뜻을 풀어보면, "자하가 말하기를 넓게 배우고, 뜻을 독실하게 하며, 절실하게 묻고 가까운 일부터 생각하면 인이 그중에 있다"이다.

《근사록》은 그 제목에 걸맞게 구체적이고 실용적인 삶의 문제를 주로 이야기한다. 하지만 철학책이므로 마냥 쉬운 책만은 아니다. 《근사록》 서문에서 여조겸은 이렇게 말했다.

> 이 순서에 따라 나아감에, 낮은 곳에서 출발하여 높은 곳에 이르고, 가까운 곳에서 시작하여 먼 곳에 다다르도록 하라. 그러면 이 책을 만든 취지에 어긋남이 없을 것이다. 낮고 가까운 것을 미워하고, 높고 먼 것에만 주력한다면, 공허함으로 흘러 의지할 바가 없을 것이니 어찌 근사近思한다고 할 수 있을 것인가? 이것을 보는 자는 마땅히 상세히 살필지어다.

원대한 목표를 가지되, 그 목표를 달성하기 위해서는 가까운 것을 먼저 생각하고 차근차근 그 절차를 밟아나가야 한다는 뜻이다.

《중용》에 등고자비登高自卑라는 말도 있지 않은가? 《중용》 15장을 보면 "군자의 도는 비유하자면, 먼 곳을 가는데 반드시 가까운 곳에서 출발하고, 높은 곳을 오름에 반드시 낮은 곳에서 출발하는 것과 같다"는 말이 있다. 이처럼 크고 어려운 문제일수록 잘게 나누어 가깝고 낮은 곳에서 하나씩 풀어나가는 지혜가 필요하다. 그렇게 할 수 있다면 여조겸이 말한 것처럼 공허함에 빠지지 않고, 언젠가는 원대한 목표도 달성할 수 있을 것이다.

어려운 갈등의 문제를 해결하기 위해서는 등고자비를 생각하며 먼저 자신이 이렇게 낮아지는 것이 중요하다.

다음은 필자의 경험담이다. 1967년 베트남에 다녀온 뒤 제대하고

석사 학위를 준비하는데, 취업이 맘처럼 쉽지 않았다. 고민하다 해인사에 머물던 성철 스님을 찾아갔다. 스님을 만나 "공부하러 왔습니다"라고 뜻을 전했다. 성철 스님을 직접 대면하고 가르침을 받고 싶었던 것이다. 그런데 스님의 말씀이 매일 3000배를 올린 다음 다시 찾아오라는 것이었다.

그날부터 총무 스님의 감독을 받으며 3000배를 시작했다. 새벽 2시에 일어나서 찬물로 세수하고 물을 떠놓고 3000배를 하는데, 새벽에 1000번, 점심에 1000번, 저녁에 1000번 절을 했다.

그때 필자를 돌봐주고 지원해주셨던, 당시 총무 스님이었던 보성 스님과도 깊은 인연이 있었다. 1958년에 대학에 들어갔을 때, 선배들과 함께 우리나라 5대 보궁寶宮 중 하나인 강원도 정선에 있는 정암사에 들어가서 철학 공부를 하였는데 그때 한 번 뵈었던 것이다. 지금은 송광사 주지 스님으로 계신다.

어쨌든 이런저런 인연으로 다시 해인사에 들어갈 때 마음먹기를 내가 이렇게 21일을 견디면 그때는 출가하리라 다짐했다. 그런데 일주일째 되는 날부터 온갖 갈등이 밀려들었다. 속세에 남아 있는 가족들, 하다가 중단된 공부 등등 세속적인 생각들로 깊은 고민에 빠졌다. 절을 해도 마음은 딴 곳에 가 있었으니 더는 불가의 가르침에 정신을 집중할 수 없었다. 고민 끝에 성철 스님을 찾아뵙고 부끄러움을 무릅쓰고 "돌아가겠습니다"라고 하였다. 스님은 묵묵히 필자를 보내주셨다.

그렇게 무거운 발걸음으로 돌아서 나왔지만, 일주문을 나서는데

3000배를 한 공덕이 있었는지, 하늘이 한없이 아름답고 푸르게 빛나 보였다. 서울로 돌아오고 나서 얼마 지나지 않아 어느 대학에서 강사로 오라는 연락이 왔다. 당시는 기쁘고 경황이 없어서 3000배의 덕이라고는 도저히 생각하지 못하고 까맣게 잊고 지냈다.

그러다 세월이 흐르고 다시 시련과 고통의 시간이 다가왔다. 그때 문득 들었던 생각이 그 3000배였다. 갑자기 강사 일이 생겼던 것도 3000배의 덕이라는 생각이 들었다. 그때부터 108배를 시작했다. 매일 108배를 하면서 번뇌를 이겨내자 고난의 시간도 어느새 사라져갔다. 그렇게 시작한 108배를 무려 27년 동안 하루도 빼놓지 않고 했다. 그러자 자연스럽게 동국대학교 총장으로 일할 기회도 주어졌다. 자신을 낮추고 스스로 겸양하는 마음으로 하루하루를 성실히 살았더니 자신도 모르게 높아져 있었다.

어떤 어려운 상황, 어떤 어려운 갈등과 분쟁의 상황에서도 항상 자신을 낮추고 겸양하는 마음으로 3000배를 하듯이 한 걸음 한 걸음 나아가다 보면 분명히 그 갈등의 상황을 헤쳐나갈 수 있을 것이다.

갈등이 오랫동안 지속되다 보면 포기하고 싶은 마음이 생긴다. '이렇게까지 해야 하나' 하는 생각이 들면서 상대방과 소통의 끈을 놓고 싶은 생각이 드는 것이다. 차라리 다퉈서 내가 이기든 네가 이기든 결판을 보는 것이 더 편하게 여겨진다. 하지만 항상 쉬운 길에는 함정이 있는 법이다.

소통의 과정이 멀고 험난하다고 해서 상대방을 비난하고 분쟁을 벌이면 지금 당장은 속이 시원할지 모르지만 소통을 하는 것보다 훨씬 더 긴 후유증이 남게 된다. 서로가 서로에게 깊은 상처를 남기게 되고, 그것을 해결하는 데 더 지독한 어려움을 겪게 되는 것이다.

미국의 유명한 저널리스트이지 은행가인 클라우드 브리스톨은 자신의 책 《신념의 마력》에서 이렇게 말했다.

> 당신의 배가 암초에 부딪혀 암초 덩어리 바닷가 물결 속으로 휩쓸려 들어간다고 하자. 그때 이제 끝이라고 생각하면 당신은 정말로 끝이다. 그러나 그때 나는 살아난다. 어떻게든 이 난관을 뚫고 나갈 수 있다는 적극적인 용기가 생겨났다고 하자. 그러면 당신은 살아날 수 있다. 당신의 그 느낌은 신념으로 바뀌고, 그 신념과 함께 어디선가 당신을 구하는 힘이 생기게 된다.

1963년 필자는 해병대 장교로 입대하였는데 그때 처음 이 책을 접하였다. 이 책을 읽고 전부터 꿈꾸었던 대학교수의 길을 걷겠다는 신념을 확고하게 굳혔다. 살아가다 보면 여러 어려운 상황을 만나, 인생의 목표가 흔들릴 경우가 꽤 많다. 그렇게 되면 등대를 잃은 배처럼 우왕좌왕하게 되고 자칫 큰 실수를 저지르고 만다. 하지만 목표에 대한 신념을 굳건하게 가지고 있는 사람은 흔들릴지언정 좌초하지 않고, 어려움을 잘 헤쳐나갈 수 있다. 《신념의 마력》은 해병대에서 처음 접한 이후로 내가 마음이 불안할 때마다 목표를 되새겨 한 길로 꿋꿋이 나아가는 데 큰 힘이 되어주었다.

물론 사람이 살아가다 보면 신념을 유지한다는 것이 쉽지 않다. 매일 찾아오는 일상생활의 수많은 난관들에 봉착하다 보면 신념이라는 것을 까맣게 망각해버리는 일도 잦다. 일상생활에서 신념을 유지하기 위해서는 어떻게 해야 할까? 일상의 어려움이 닥쳤을 때 마음속에서 자신이 원하는 이미지를 그리고 그것을 믿는 것이다.

《신념의 마력》에서는 마음속에 이미지를 그리는 방법에 대한 일화를 다룬다. 우수한 프로골퍼 G. 사라센의 이야기다. 그는 《골프의 비결》에서 마음의 그림, 객관적인 태도, 집중, 자신감 등에 대해 이렇게 이야기했다고 한다.

> 모든 골퍼는 심리적 장애라는 말을 잘 알고 있다. 이것은 현실적으로는 벙커, 트랩, 물웅덩이에 불과하다. 그러나 경기하는 사람의 상상 속에서 그것은 무서운 장애가 되어 공포심을 갖게 한다. 한 친구는 오랫동안 볼을 연못 너머로 넘길 수가 없었다. 그의 볼이 번번이 물속에 빠지자 같은 팀은 화가 났고, 상대 팀은 폭소를 터뜨렸다. 그래서 내가 일러주었다.
>
> "물이 자네를 놀리는 거야. 다음번에는 자네의 마음에서 물에 대한 생각을 완전히 지워버리게. 티에서 그린까지 마음속에 그림을 그리게. 그 사이에 물이 있다고 생각하지 말고 눈앞에 쉬운 코스가 있는 것만을 마음의 그림으로 바라보게."

친구는 내 충고대로 따랐다. 몇 번은 핀에서 2~3인치 거리에 떨어뜨리더니 다음부터는 한번도 실패하지 않았다.

그는 이 일화를 통해 마음에 이미지를 그리고 믿는 사람은 그렇지 못한 사람보다 훨씬 더 어려움을 쉽게 헤쳐나갈 수 있으며, 이것이 신념의 마력을 발휘하는 중요한 방법이라고 했다.

힘들수록 웃으면서 버텨야 한다. 영국의 윈스턴 처칠의 삶을 생각해보자. "내가 바칠 것은 피와 땀과 눈물"이라고 했던 처칠 경은 일생을 전쟁을 관통하며 살았던 사람이다. 제1·2차 세계대전을 거치면서 처칠만큼 세계사에서 괄목할 만한 역할을 한 인물은 흔치 않다. 제1차 세계대전 때 있었던 일이다. 해군 장관이었던 처칠은 1915년 초, 터키를 묶어두는 작전에 실패해 전함 3척을 잃고, 그해 영국군 병력 21만 3000명의 사상자를 낸다. 이 일로 처칠은 해군 장관에서 랭커스터 공령으로 좌천된다. 작전 지휘권도 행사할 수 없었다. 처칠은 곧 사임하고 연대를 지휘하는 일을 맡는다. 처칠이 1917년 군수 장관으로 복귀했으니 2년 동안 전선을 누빈 셈이다.

여기에서도 처칠의 삶에 대한 태도를 잘 읽을 수 있다. 국가를 위기에서 구하겠다는 사명감과 긍정적인 신념이 없었다면 어떻게 장관에서 연대장급으로 강등되어 일선에서 부대를 지휘할 수 있었겠는가? 세계대전의 지도자로 손색없는 풍모다. 이러한 처칠의 태도가 위기의 영국을 구할 수 있었고, 한때 대영제국을 일구고 오늘날 영국을 만든 힘의 원천이 되었다.

생사를 오가는 전선에서 처칠의 좌우명은 "전쟁은 웃으면서 하는 것"이었다. 물론 자리를 뜬 지 5분 만에 막사에 포탄이 떨어져 자신을 제외한 막사 안 전원이 사망하는 등 몇 차례 죽을 고비를 넘긴 처칠이 마냥 웃고 다니지만은 못했겠지만, 그런 마음가짐으로 두려움과 공포에서 벗어날 수 있었던 것은 사실이다. 세상을 바라보는 그의 긍정적인 태도가 자신도 구하고 나라도 구했던 것이다.

결론적으로 긍정적인 신념은 나쁜 상황을 낙관적인 상황으로 바꿀 수 있다. 끝이라고 생각하면 그것으로 정말 끝이다. 그런 마음가짐은 나아질 가능성을 없애버린다. 그러나 긍정적인 신념을 품었을 때 자신에게 새로운 용기와 힘이 솟아나고 자신이 바뀌면서, 자신을 둘러싼 세상 역시 긍정적으로 바뀌는 것이다.

클라우드 브리스톨은 누구나 성공할 수 있는 능력이 있으며, 그것이 바로 신념이라고 했다. 소통과 통합에는 이런 신념이 필요하다. 언젠가는 반드시 소통할 수 있을 것이다, 세상 그 누구와도 소통할 수 있다는 신념을 갖고 끝까지 인내하고 노력해야 한다.

정리하자면 어려운 갈등을 해결하는 첩경은 간단하다. 급할수록 돌아가라는 말이 있다. 등고자비의 겸허함으로 성실하게 노력할 것, 또한 반드시 해결할 수 있다는 긍정적인 신념을 품어야 한다는 것이다. 물론 이것은 비단 어려운 갈등뿐만 아니라 인생의 힘든 난관을 극복하는 첩경이기도 하다.

바둑에 급수가 있듯이 인생에도 급수가 있다. 바둑 격언에 정석을 모르고서는 절대 고수가 될 수 없다는 말이 있다. 인생의 고수가 될수록 기본의 중요성을 알게 된다. 독자 제현께서도 명심하시길 바란다.

04

수신修身, 먼저 자신을 갈고닦는 힘

소통은 물론 상호 간에 하는 것이지만, 상대방의 마음을 내가 원하는 대로 바꾸거나 상대방을 만나고 난 후에 어떻게 접점을 찾고 공감을 이끌어내느냐 하는 것보다 더 중요한 것이 있다. 바로 나 자신이 바뀌는 것이다.

말하자면, 소통을 잘하는 첫 번째 조건은 상대방을 만나기 전에 나를 누구나가 소통하고 싶은 사람으로, 누구나가 편하게 소통할 수 있는 사람으로 자신을 갈고닦는 것이다.

벤저민 프랭클린은 미국 건국의 아버지로 불리는 사람이다. 지금도 미국인들을 대상으로 조사하면, 미국인이 가장 존경하는 사람으로 최상위권에 꼽히는 사람이다.

프랭클린은 13가지 덕목을 정한 다음 작은 수첩에 적어놓고 매일 그 실천 여부를 점검했다고 한다. 그 13가지 덕목이란 절제, 침묵, 질서, 결단, 절약, 근면, 진실, 정의, 중용, 청결, 평정, 순결, 겸손이었다.

필자 역시 그의 저서를 읽고, 프랭클린처럼 나 자신을 갈고닦기 위해 노력하였다. 그중에 하나가 내 얼굴을 바꾸는 것이었다. 고등학교 1학년 때 거울을 보면서 내가 얼굴을 다소 찡그린다는 것을 알게 되었다. 이런 표정으로는 다른 사람에게 좋은 인상을 주기 어렵고 나와 커뮤니케이션을 하고 싶어 하는 사람도 없을 터였다. 그때부터 내 인상을 밝게 바꿔보기로 마음먹었다. 인상을 밝게 바꾸는 요령은 간단한 것이었다. 매일 잠자리에 들기 전 하루를 반성하고 긍정적인 생각을 했다. 그리고 거울을 보고 웃는 연습을 하는 것이다. 그러면 다음 날 아침을 기분 좋게 맞을 수 있었고, 자연스럽게 인상도 밝아지게 되었다.

인상이 밝아진 후로 친구들도 많아졌고, 물론 소통도 더 원활해졌다. "웃는 얼굴에 침 뱉으랴"라는 속담처럼 내가 늘 밝은 얼굴을 하니 다툴 일도 유머로 자연스럽게 웃으며 풀 수 있었다. 이처럼 소통을 잘하기 위해서는 무엇보다 먼저 자신을 편안하게 소통할 수 있는 사람으로 갈고닦아야 한다.

또 한편으로 소통에는 상상력을 동원하는 노력도 필요하다. 경직된 사고방식은 지혜를 흐리고, 상황을 더욱 극단적으로 몰고 간다. 어려운 문제일수록 상상력을 발휘해야 한다. 소통 역시 마찬가지다. 상상력과 재치를 발휘하면 힘든 소통도 부드럽게 헤쳐나갈 수 있다. 소통에도 윤활유가 필요한 것이다. 갈등이 있는 한 반드시 해결책이 있다는 신념을 바탕으로 창조적인 상상력을 발휘해야 한다.

이는 원효와 무열왕의 고사에서도 배울 수 있다. 어느 날부턴가 원효는 노래를 읊고 다니기 시작했다. '자루 없는 도끼를 빌려주면 하늘을 받칠 기둥을 찍어내리라'는 노래였다. 여기서 '자루 없는 도끼'란 요석공주를 의미했다. 무열왕은 이 노래가 암시하는 바를 대번에 알아차렸지만 서두르지 않았다. 사신을 보내어 원효와 다리에서 만나게 한 다음 원효를 일부러 물에 빠뜨렸다. 원효는 물에 젖은 옷을 갈아입기 위해 입궁했고, 마침내 요석공주와 만날 수 있었다. 소통에도 이런 풍류와 멋이 있어야 원활하게 할 수 있다.

우리 사회가 통합으로 가고 소통이 원활하기 위해서는 시민의식이 성숙된 민주주의 사회에 맞게 고양되고 개선되어야 한다.

고전의 지혜에 '격물치지格物致知 성의정심誠意正心'이라는 말이 있다. '우리가 삶을 살아가면서 사물을 연구하여 지식을 넓히고, 또 자신의 뜻을 진실하게 하여 마음을 바로잡아야 한다'는 말이다. 이렇게 격물치지와 성의정심을 할 수 있으려면 어떻게 해야 할까?

무엇보다 중요한 것이 독서다. 독서율을 보면 그 나라가 선진국인지 알 수 있다는 말이 있다. 그런데 문화체육관광부가 최근 실시한 국민 독서 실태 조사를 보면 우리 국민의 독서율은 2004년 76%에서 지속적인 하락추세를 보이다가 2011년에는 전년보다 겨우 1.4% 증가한 66.8%로 나타났다. 이는 1년에 만화와 잡지를 제외한 일반 도서를 1권 이상 읽는 성인이 10명 중 6.7명에 불과하다는 것이다. 독서율이 2011

년에만 반짝 소폭 상승한 후 다시 낮아지는 추세니 참으로 앞날이 염려스럽다.

이웃 나라 일본은 독서가 개인의 인생뿐만 아니라 나라의 앞날을 위해서도 매우 중요하다는 사실을 잘 아는 듯하다. 젊은 세대가 책과 신문을 멀리하는 소위 '활자 이탈 현상'이 발생하자 2005년에 활자문화진흥법을 제정할 정도로 적극 대응하였다.

넓고 깊은 독서를 통해 지식을 넓히고, 자신의 뜻을 진실하게 하여 마음을 바로잡는다면 우리 사회의 갈등 해소를 위해 필요한 관용과 이해심도 풍족해질 것이다.

덧붙여 시민의식의 개선을 위해 내가 자주 되새기는 경구 하나를 소개하려고 한다. "관불용침 사통거마官不容針 私通車馬"라는 말이 있다. 공적으로는 바늘 끝만큼도 자세가 흐트러지거나 일에 실수가 있어서는 안 되지만, 사적으로는 큰 수레나 말이 지나갈 만큼 마음을 넉넉히 써야 한다는 뜻이다.

말인즉슨, 우리가 인간적 관계, 지역 사랑이라는 사적인 관계에서는 서로 위하는 마음을 풍성하게 하고, 공적인 분야에서는 마음을 단속하여 법과 질서에 한 치도 어긋남이 없이 해야 한다는 것이다. 우리 사회를 통합시키는 시민의식의 개선은 이러한 철학을 바탕으로 자신을 갈고닦는 과정에서 가능하게 될 것이다.

끝으로, 자기 자신을 갈고닦는 근본은 인내에서 나온다는 것을 강조하고 싶다. 《탈무드》를 보면 인간을 평가하는 세 가지 기준이 나온다. 바로 키소, 코소, 카소인데, 하나씩 그 뜻을 살펴보면 키소는 지갑을 넣는 주머니, 코소는 술 마시는 잔, 카소는 인간의 분노라는 의미다. 즉 돈 쓰는 법, 술 마시는 법, 화를 참는 법으로 그 사람의 인격을 알 수 있다는 것이다.

우리나라에도 "참을 인이 세 개면 살인도 면한다"는 속담이 있다. 사람이 사람을 대할 때, 분노를 억제하고 소통하는 것은 매우 중요하다. 여기서 생각해보아야 할 것은 우리가 참는다고 해서 지는 것은 아니라는 말이다. 보검을 칼집에서 꺼내지 않고, 그 고명高名을 숨겨놓을 때 오히려 그 보검의 가치가 빛난다고 하지 않는가? 분노를 절제하고 상대방을 존중하는 것이 자기 자신의 인격을 높이는 길이요, 동시에 소통의 가장 기본적인 자세가 되는 것이다.

덧붙여 이렇게 조탁된 인재들이 앞으로 우리 사회를 통합시키는 지도자로 자라나기를 꿈꿔본다. 말하자면 우리 사회는 그 밑바닥부터 새로운 지도자가 자라나야 한다. 지금의 일부 부패한 지도자들은 깊이 반성해야 한다. 권력과 자산을 바탕으로 자신의 우월성을 드러내며 '갑질'을 하는 지도자는 지도자가 아니다.

한국 사회는 압축 성장 과정에서 탄생한 일부 지도층들이 제대로 된 지도자의 모습을 보여주지 못하기 때문에 올바른 지도자들을 새롭게 길러야 한다. 민주적인 의식이 제대로 박힌, 갑질을 하지 않도록 문화적으로 올바른 훈련을 받은 새로운 지도층이 나타나길 빈다.

05

전통 윤리가 들려주는 소통의 지혜

우리 사회가 총체적인 갈등과 혼돈의 시대를 맞이하게 된 것은 전통 윤리가 무너졌기 때문이다. 소통의 핵심 비결의 하나로 전통 윤리에서 배워야 한다는 것을 다시 한 번 강조하고 싶다.

인간은 만물의 영장이라고 한다. 만물 가운데 인간만이 영적 능력이 있다. 동서양을 막론하고 사람은 이성적 존재라는 보편적 인식이 있다. 인간은 누구나 이치를 따지는 이성적 존재다. 이성을 통해 옳고 그름을 판단하고, 세계와 인간 자신에 대한 존재의 비밀을 탐구한다. 또한 이성이 있기 때문에 서로 공존하기 위해 노력하고 질서를 유지한다.

인간의 도덕적 가치가 선천적으로 주어진 것이냐 하는 가치 절대론에 대한 윤리학적 논의가 진행되는 중이다.

현재 진행되는 논의 중 목적론적 윤리학설은 "인생에는 모든 사람이 그것의 실천을 위해 온 힘을 다해야 할 목적이 있다. 그것은 삶의 궁극적 목적으로서 인간의 마음대로 정할 수 있는 것이 아니라 선천적으로 주어진 절대적인 목적"이라는 주장을 편다. 다만 그 절대적 목적이 무엇이냐 하는 것은 목적론자들 사이에 견해 차가 있는데, 이를테면 플라톤은 선의 이데아, 아리스토텔레스는 행복을 이야기했다.

다른 하나는 의무론적 윤리설이다. 이는 우리 인간에게는 누구나 지켜야 할 행위의 법칙이 주어져 있다는 것이다. 그 법칙은 인간의 의지를 초월하여 선천적으로 주어진 것으로 절대 불변의 법칙이다. 이러한 법칙의 범주 역시 학자들 사이에 다소간 차이가 있다.

대표적인 학자가 칸트다. 칸트는 "네 의지의 준칙準則이 항상 보편적 입법의 원리로서 타당하도록 행동하라"고 했다. 그랬을 때 그 행동이 올바르고 정당하다는 것이다.

이렇게 서양의 윤리설은 다양하나 그들의 통일된 전제는 인간에게는 본래 인생의 목적과 의무적으로 해야 할 행위가 있다는 것이다.

그러나 현대에 와서 인간의 궁극적인 목적이 있느냐 하는 것과 행위에 궁극적인 법칙이 있느냐는 것에 대해 명백한 증거를 찾을 수 없어서, 자명한 진리가 아니면 믿음으로 대처할 수밖에 없다는 회의론이 확산되었다.

비록 윤리적 회의론을 따라 목적론적·의무론적 견해가 자명한 진리를 증명할 수 없기에 단순한 믿음에 불과하다고 하더라도, 그것이 부당하며 도덕이 아니라고 규정할 근거 역시 없다. 여전히 도덕적 윤리는 우리 삶의 현실적 토대다.

그런 면에서 우리 전통의 윤리를 살펴보는 것은 의미 있는 일일 것이다. 가장 대표적인 전통 윤리는 유교 윤리의 근본인 삼강오륜이다. 《맹자》의 〈등문공〉 상편에 나오는 구절이다.

그러나 아무리 의식이 만족스러워졌다 하더라도 교육을 받지 않는다면 짐승과 다를 바가 없을 것이다. 순은 그 점을 염려하여 설에게 사도의 직책을 명하여 인륜을 가르쳤다. 아버지와 자식 사이에 친애함이 있고, 임금과 신하 사이에는 의리가 있고, 남편과 아내 사이에는 분별이 있고, 어른과 아이 사이에는 순서가 있다. 또 친구 사이에는 신의가 있어야 한다. 이를 오륜이라고 한다.

맹자는 인간관계에서 꼭 지켜야 할 5가지 도리인 오륜을 여기서 처음 언급했고, 그 근거는 인간 본성이 본래 선하다는 신념에 입각한 것이었다. 중국으로부터 오륜이 우리나라에 도입되면서 이는 우리 윤리 문화의 근간이 되었다.

오늘날 유교 또는 유학의 전통 윤리를 현대에 맞게 적용하려고 하지 않고, 그 뿌리까지 부정하려는 것은 명백한 오류라고 할 수 있다.

그 이유는, 첫째 전통 윤리를 부정하는 근거는 앞서 살펴본 것처럼 인간 본성이 선하다는 전제에서 출발한 절대적 윤리관에 대한 회의론인데, 이 역시 증명할 수 없기 때문이다. 우리는 아직도 그러한 윤리·

도덕의 바탕 하에서 선과 악, 시와 비를 나누고 살고 있다는 현실을 부정할 수 없다.

둘째, 근대화에 의한 자유, 평등주의가 보편화하면서 전통 윤리에 대한 불신과 부정이 생기고 시대착오적 사고방식이라는 비판이 일고 있다. 하지만 수천 년 동안 이어온 전통 윤리를 현재에 맞게 적용하려고 힘써 노력하고 연구하지도 않으면서 일방적으로 지난 시대의 유물로 취급하는 것은 온당하지 못하다.

셋째, 유교적 윤리가 근대화를 막고 식민지 시대를 불러왔다는 이유로 전통 윤리를 비판하기도 한다. 그러나 성리학적 통치이념에 따라 당파가 형성되고 그로 인해 국론이 분열되어 일제 치하의 비극을 겪게 된 것을 유교 윤리와 연결한다는 것은 무리다. 유교 윤리는 통치이념 이전에 인간이 지켜야 할 가장 기본적인 도리를 말한다.

인간관계의 윤리인 부자, 군신, 부부간의 도리를 지키는 것은 유교만의 독자적인 철학도 아니요, 전 세계에 일반적으로 적용될 수 있는 보편 철학이라고 할 수 있다. 따라서 그리스의 철학이 서구 철학의 뿌리가 되어 지금까지 살아남았듯이 중국을 통해 유입된 불교, 유교, 도교의 사상이 한국 사회와 결합하여 만들어진 전통 윤리 역시 현대에도 여전히 유용한 도덕 윤리로 기능할 수 있다.

06

인간은 지구의 여행자일 뿐이다

인간은 욕망의 존재다. 하지만 그 욕망에 지나치게 사로잡히게 되면 삶의 본질에 대한 이해가 부족해진다.

인간은 잠시 이 땅에 머물러 가는 존재에 불과하다. 영원히 살 것처럼 계획하고 행동하지만 생자生者는 필멸必滅이니 누구나 죽는다. 기나긴 지구의 역사에 아주 잠깐 머물렀다 사라지는 객에 불과한 것이다.

비유하자면 지구라는 펜션에 몇 박 며칠 머물렀다 떠나는 여행자일 뿐이다. 지구의 불, 물, 태양, 공기에 대해 비용을 내고 빌렸는가? 그렇지 않다. 이처럼 임대료도 제대로 내지 않는 여행객에 불과한데, 사람들은 욕망에 눈이 어두워 소유권을 주장한다. 지구에 있는 자원은 공평하게 나눠서 써야 하는데 자신이 더 많이 가지기 위해 남의 것을 빼앗고 다른 사람의 인격과 권리를 짓밟는다. 특정한 국가나 집단이 세력을 형성하여 독식하려 들고 이는 개인도 마찬가지다.

정치적인 권력, 경제적인 물질에 대해 소유권을 주장하는 것은 태양이 자기 것이라고 우기는 것처럼 어리석은 일이다. 사실 자신이 가지고 있는 권력이나 부는 우리가 지구의 자원을 잠시 빌려서 살다가 가는 것처럼 본래 자신의 것이 아니라 사회에서 잠시 위탁받은 것이다. 권력은 단체의 구성원이나 국민으로부터 위임받은 것이지 자신이 영원히 소유할 수 있는 것이 아니다.

그래서 돌아갈 때를 아는 자의 뒷모습이 아름답다고 하지 않는가? 박수를 보낼 때 떠나라는 말도 모두 이러한 공동체의 코먼 센스Common Sense(상식)에서 나온 것이다.

자신이 가진 재산과 부도 마찬가지다. 자신이 축적한 자산도 누구나 가질 수 있는 것이며, 본래 가지고 있었던 것이 아니다. 보편성과 유동성을 갖고 있다는 말이다. 자신이 가진 기회, 노력, 경제적 흐름에 따라 자신을 거쳐 가는 것일 뿐이다. 결국엔 내 것이 아니라 사회 공동의 소유를 내가 일부 위탁해서 가지고 있는 것에 불과하다. 조금 극단적으로 이야기하자면 죽을 때 명예나 부를 싸 짊어지고 저승에 가는 것은 아니다.

결론적으로, 권력과 부에 대해 개인화하는 것이 아니라 사회화하는 능력과 인식이 부족해서 심각한 갈등 상황이 초래되는 것이다.

부와 권력에 대해 개인화하려는 경향은 어디서 출발한 것일까? 한국 사회의 역사적인 흐름에서 보면, 우리나라는 일제로부터 해방될 때

본래 가진 민족자본이 부족했다. 해방 이후 민족자본을 육성하는 과정에서 토지를 무상으로 몰수하여 무상으로 분배하고, 생산 시설을 국유화한 북한과 달리 남한에서는 사유재산에 대한 개념을 분명히 했다. 이승만 정부는 사유재산을 확보하고 사기업체제를 도입하며 자본주의 시장경제의 근간을 만들었고, 박정희 정부는 사유재산권을 더욱 공고히 하고 경쟁체제를 도입하여 시장경제체제를 강화하는 체계를 구축하였다. 그런 상태에서 부를 축적하다 보니 부가 자신의 고유한 것이라는 생각이 강하게 자리잡게 되었다. 상대적으로 시장경제체제와 자본주의, 민주주의의 역사가 짧다 보니 선진국에 비해 그러한 문화가 성숙하지 못한 것이 더욱 자본과 권력을 개인화하는 경향을 강하게 하고 있다.

다음으로 유교 문화에서 비롯돼 뿌리 깊게 박혀 있는 혈연 공동체라는 인식이 있다. 이로 인해 자신의 재산을 자손에게 물려줘야 한다는 사고방식이 강하다. 현대는 이제 농경 사회가 아님에도, 유교의 부정적인 고정관념에 사로잡혀 있는 것이다.

지도층부터 이런 관념에서 벗어나야 한다. 기업가는 족벌 경영을 하고, 지도층들 역시 자신의 권력과 재산을 물려주기 위해 혈안이 된 상황에서 국민이 그러한 인식에서 자유로워지기를 기대하는 것은 어불성설이다. 이러한 인식을 바탕으로 한 양극화가 큰 사회적 문제가 되는 것이다. 이런 인식 위에 외환위기는 기름에 불을 끼얹은 것 같은 작용을 하며 빈부 격차를 더욱 확대시켰다.

소위 지도자라는 자들, 오피니언 리더라는 사람들이 더 부와 권력을 독점하려고 달려드니, 제대로 통치가 될 리가 없고 영令이 서지 않는 것이다.

가진 것이라고는 물레와 교도소에서 쓰던 밥그릇과 허름한 담요 여섯 장이 전부였던 마하트마 간디의 리더십도 반드시 참고해야 할 것이다. 간디는 속옷, 수건, 침대 시트 등을 모두 자신이 직접 물레로 짜서 사용할 정도로 검약했다. 많은 인도인이 간디를 따라 직접 옷을 만들어 입었다. 간디는 자본주의의 노예가 되지 않고, 인간중심주의 사회가 되어야 한다는 것을 각성시키기 위해 물레를 상징적인 의미로 여기기도 했다. 그래서 의회 깃발의 중심에 물레를 넣었고, 그것은 후일 독립한 인도의 국기가 되었다.

2004년 〈녹색평론〉 발행인 김종철 교수가 쓴 《간디의 물레》라는 책에는 간디가 물레를 통해 전달하고자 했던 메시지가 잘 정리되어 있다.

> 물레는 무엇보다 인간의 노역에 도움을 주면서 결코 인간을 소외시키지 않는 인간적 규모 기계의 전형이다. 간디는 기계 자체에 반대한 적은 없지만, 거대 기계에는 필연적으로 복잡하고 위계적인 사회조직, 지배와 피지배의 구조, 도시화, 낭비적 소비가 수반된다는 것을 주목했다. 생산 수단이 민중 자신의 손에 있을 때 비로소 착취 구조가 종식된다고 할 때, 복잡하고 거대한 기계는 그 자체가 비인간화와 억압의 구조를 강화하기 쉬운 것이다.

간디는 당시 인도의 지도자들이나 교양 있는 사람들을 교육할 때 항상 물레를 이용했다. 그들이 늘 가난한 사람들, 서민들을 의식하면서 살아야 한다고 주장했다. 그리고 물레를 지도자와 가난한 민초들이 서로에 대해 공감할 수 있는 하나의 창구로 만든 것이다.

지도층이 먼저 자신의 권력을 나누고 늦기 전에 다음 세대로 넘겨주며, 재산은 죽기 직전이 아니더라도 일상적으로 사회에 환원한다는 태도를 지니고 실천해야 한다. 기부를 보편적인 사회 문화로 만들고 노블레스 오블리주를 삶 속에서 실천해야 한다.

이러한 문화를 사회 전반에 확산시키기 위해 어린 시절부터 그런 태도를 생활화하는 교육을 지속하고, 제도적 정립도 국가적인 차원에서 실천해야 할 것이다.

자선을 베풀어야 하는 이유에 대해 다시 한 번 생각해보자. 자선을 베풀지 않는 사람은 아무리 부자라고 해도 사회적 존경을 받을 수 없다. 그것은 마치 잘 차려진 음식에 소금이 빠진 것과 같다. 국내에서 최초로 부자를 전문적으로 연구하여 내놓은 책, 《부자학 개론》을 써서 유명해진 한동철 교수는 부자가 자선을 베풀어야 할 이유를 3가지로 정리하였다.

첫째, 부자가 된 것은 부자가 아닌 빈자에게서 번 것이니 빈자에게 감사해야 한다.

둘째, 자손에게 많은 재산을 물려주면 게을러지고 분란을 조장하므로 사회에 환원해야 한다.

셋째, 많은 재물을 독점하면 마음의 평화를 얻을 수 없으니, 자신의 건강과 장수를 위해서라도 타인과 나눠야 한다.

아무리 좋은 요리도 간이 되지 않으면 맛이 없는 것처럼 자선과 기부라는 간이 밴 부자가 정말 멋진 부자이다.

그렇다고 기부나 자선이 반드시 부자만의 전유물인 것은 아니다. 얼마 전 불의의 교통사고로 유명을 달리한 '철가방 기부천사' 고故 김우수 씨에게서 우리는 많은 교훈을 얻을 수 있다. 그는 중국음식점 배달원으로 일하면서도 70만 원 정도에 불과한 월급을 쪼개어 다섯 어린이를 도왔다. 없는 사람도 이렇게 기부하는데 사회 지도층, 부유층이 이런저런 핑계로 기부하지 않는다는 것은 자신의 인격이 그것밖에 안 된다는 방증에 불과한 것이다. 없으면 없는 대로, 있으면 당연히 기부해야 하는 것이 사람의 도리다. 또한 그러한 도리를 지키는 것은 남을 돕는 것이기도 하지만 동시에 자신의 삶을 먼저 풍요롭게 만드는 것임을 잊지 말아야 할 것이다.

07

화쟁和諍과 똘레랑스

신라의 고승으로 유명했던 원효는 화쟁론和諍論을 당시 시대를 통합하는 키워드로 삼았다. 우리 사회의 전반적인 갈등을 해결하기 위해서는 계층, 이념, 지역, 세대 간 소통의 장을 만드는 것이 중요하다. 그런 소통의 장은 대화와 토론을 통해 열리는 것인데, 이때 필요한 것이 화쟁 사상이다.

화쟁의 뜻을 풀어보면 화和는 조화를 뜻하고, 쟁諍은 흔히 다툰다는 의미로만 알지만 여기서 쟁은 말씀 언言 변이 붙은 쟁으로, 다툼하되 대화를 통해 토론하는 것을 의미한다. 즉 토론을 통해 양극의 조화를 이룬다는 의미다. 이러한 화쟁 사상은 갈등을 해결하는 핵심 원칙이 될 수 있다.

원효의 대표 저서 《금강삼매경론》 중 다음 구절은 화쟁론의 정수라고 할 수 있다.

"여언이취 개불허如言而取 皆不許, 득의이언 무불허得意而言 無不許."

뜻인즉, "말 그대로 들으면 그 무엇도 용서할 수 없지만, 그 뜻을 얻는다면 용서하지 못할 바가 없다"는 것이다.

예를 들어 아버지가 화가 나서 아들에게 "나가서 들어오지 마라!" 하고 소리쳤다고 가정해보자. 이 말을 말 그대로만 들으면 아버지는 아들을 용서하지 않은 것이다. 당연히 아들은 아버지를 이해할 수 없을 것이다. 하지만 이 말의 뜻을 되새겨본다면 '내가 너를 사랑하니까 같이 살자'는 의미다.

물론 이런 오해가 발생하지 않기 위해서는 먼저 말을 잘하는 것이 중요하다. 사실 한국인처럼 말 못하고 잘 듣지 못하는 사람들도 없을 것이다. 이혼율이 급증하는 원인도 남편의 윽박지르기와 아내의 잔소리로 대표되는 소통의 부재 때문이다. 처음에는 별것 아니라고 생각하고 함부로 말하고 듣다가 이러한 불통이 쌓이다 보면 큰 싸움으로 번지는 것이다. 그러면서 사랑에 대한 표현에는 인색하다. 부부라도 사랑한다고 직접 말을 해야 상대가 알아들을 수 있다.

칭찬은 고래도 춤추게 한다는 말도 있듯이, 이혼율을 줄이려면 소통을 해야 하고 소통을 하려면 말을 잘해야 한다. 말하는 법과 경청하는 법을 제대로 익혀야 소통이 원활해지는 것이다. 그렇게 하기 위해서는 원효의 화쟁론에서 배울 수 있듯이 거친 말은 뜻을 되새겨 경청하도록 노력하고, 상대방이 자신의 본의를 잘 알아들을 수 있도록 적극 애정표현을 하고, 부드럽고 상대방이 이해할 수 있는 말을 하도록 노력해야 한다.

가까운 사이일수록 더욱 성심성의로 대해야 한다. 소통이 어그러지는 가장 큰 이유는 상대방이 가까운 사이기 때문에 당연히 내 마음을 알 것이라는 생각으로 대하기 때문이다. 그래서 오히려 어느 정도 거리가 있는 사이보다 더 갈등이 생기기 쉽고, 한번 갈등이 생기면 회복하기도 어렵다. 이는 상대방을 가까운 사이라고 해서 함부로 대하기 때문이다. 부부가 정신과 의사를 만나 상담을 하면, 가장 많이 하는 이야기가 부부간에도 예의를 다하라는 말이다.

결혼 초기 대학에 출강을 나가던 시절이었다. 그 시기에 아내의 요청에 따라 아내에게 철학을 강의한 적 있다. 그런데 부부 사이다 보니 아내가 시간 약속을 잘 지키지도 않고, 강의를 듣는 도중 딴 일을 하는 등 수업을 듣는 태도가 다소 불량했다. 그 모습을 지켜보고 안 되겠다 싶어 적은 액수지만 강의료를 받기로 했다. 처음에 아내는 부부 사이에 무슨 강의료냐 했지만, 고집을 꺾지 않았다. 결국 강의료를 받고 다시 철학 강의를 지속했다. 아니나 다를까, 시간이 흐르면서 아내가 수업을 듣는 태도가 진지해졌고, 아내는 물론이고 필자 역시 아내를 대하는 태도가 달라지면서 서로 존중하게 되었다. 강의료를 받으면서 필자는 학교에서 제자들을 가르치듯이 책임감과 사명감을 더 갖게 되었고, 아내는 학교 다닐 때 교수님을 대하듯 하는 태도로 나를 대하게 된 것이다.

이처럼 가까운 사이일수록 서로 예의를 갖추고 성심성의껏 대할 때 서로 더 존중하는 마음도 생기고 소통도 원활해진다. 격의 없는 사이라고 해서 언행을 함부로 하면 자신도 모르는 사이에 불만이 쌓이게 되고, 불통을 넘어 불화와 큰 다툼의 원인이 되는 것이다. 좋은 소통을 하고 싶다면 가까운 사이일수록 예의를 잘 지켜야 한다.

덧붙여 화쟁이 가능하기 위해서는 상대방을 동등한 관계로 생각하고, 수평적인 소통에 힘써야 한다는 것을 강조하고 싶다. 기존 한국 사회는 이러한 수평적인 소통이 꽤 부족했다.

대한제국 이전 전제군주 시대 우리나라의 전통적인 소통 방식은 '예'였다. 예를 바탕으로 소통했다. 물론 예가 소통의 중요 수단인 것은 사실이다. 하지만 이러한 수단은 상하 관계에서는 매우 유효한 것이지만 좌우 관계에서는 전통적인 예의범절의 내용과 형식이 바뀌어야 한다.

우리 사회가 급속도로 민주화되면서 상하 관계보다 좌우 관계가 훨씬 더 증대하고 있다. 지위 고하, 나이를 불문하고 동등한 관계로 사람들을 대할 일이 늘어나는 것이다.

따라서 이제 소통의 문화를 상하 관계에서 좌우 관계로 바꿀 필요가 있다. 즉 수직적인 소통의 문화를 수평적인 것으로 바꿔야 한다는 말이다.

조선시대에는 전부 수직적인 문화였다. 하지만 민주 사회에서는 수평적인 소통의 문화가 큰 줄기를 이룬다. 따라서 여기에 맞는 예가 중요하다. 한편으로는 이러한 수평적인 예는 결국 인간을 존중하는 휴머니즘과 그 궤를 같이한다.

그러한 휴머니즘은 단군의 건국이념인 '홍익인간弘益人間, 재세이화在世理化'와도 통한다. 소통의 근원을 찾아 올라가면 우리나라의 건국이념에서도 그 철학적인 의미를 찾을 수 있다는 것이다. 온고지신溫故知新이라 하지 않던가. 우리 모두 다시 한 번 그 의미를 되새겨보아야 할 것이다. 소통의 철학, 특히 민주 사회에서 강조되는 수평적인 소통 철학의 근본은 널리 사람을 이롭게 하는 정신, 세상에서 자신을 다스리고 사람을 화합하는 것과 의미가 통하는 것이다. 오늘날 한국 사회의 사람들은 그러한 홍익인간, 재세이화의 의미를 되새겨 수평적 소통에 능동적으로 나서야 할 것이다.

프랑스어 '똘레랑스'라는 말이 한때 우리 사회에 크게 유행이었다. 베스트셀러 《나는 빠리의 택시운전사》로 유명한 홍세화 씨가 우리 사회에 던진 화두가 똘레랑스였다. 그는 자신의 책에서 이렇게 말했다.

> 프랑스 사회는 똘레랑스가 있는 사회입니다. 흔히 말하듯 한국 사회가 정이 흐르는 사회라면 프랑스 사회는 똘레랑스가 흐르는 사회라고 말할 수 있다는 뜻입니다.

똘레랑스가 가지는 기본 의미는 다른 사람이 생각하고 행동하는 방식, 다른 사람의 정치적·종교적 의견의 자유에 대해 존중한다는 것이다.

똘레랑스를 한국어로 옮기면 관용이다. 상대방에 대한 관용, 이것이 사회통합의 핵심 키워드다.

한국판 똘레랑스는 다산茶山 정약용 선생이 '용서할 서恕'라는 글자에 관해 이야기한 것을 통해 알 수 있다. '용서할 서'자를 나누면 '같을 여如'에 '마음 심心'이다. 상대방의 마음과 나의 마음을 같게 한다는 뜻이니, 즉 상대방의 처지에서 생각한다는 것이다. 이것이 소통의 기본이다.

원효의 화쟁론도 똘레랑스와 통한다. 원효는 화쟁론을 들어 상대방과 뜻을 통하면 이해하지 못할 바가 없다는 말을 했다. 우리가 상대방과 갈등을 일으키고 적대적인 관계가 되었을 때, 한번 더 생각해보아야 할 것은 이렇게 상대방과 뜻을 통하는 것이다. 상대방과 뜻을 통하기 위해서는 상대방의 근본, 본질을 보아야 한다.

상대방의 본질을 볼 수 있다면 이해하지 못하고 용서하지 못할 바가 없다. 인간의 본바탕에서 너와 나는 같다는 인식을 해야 한다. 내가 어디서 태어나고 어떤 공부를 했든, 어떤 지위에 있든 그 본질은 상대방과 같다는 생각을 하는 것이다. 누구나 영혼이 있고, 그 영혼은 영원하고 참되고 순수하다는 인식이다. 그렇게 상대방을 긍정할 때 상대방을 배려할 수 있게 된다.

그리고 이러한 인식은 교육이라는 훈련을 통해 이뤄진다. 가정교육, 학교교육, 사회교육, 국가교육 등 인간은 평생교육을 해야 하는 존재다. 이런 교육이라는 훈련을 통해 우리는 서로 이해하고 배려할 수 있게 된다. 그것이 사회통합으로 가는 지름길이다.

요즘 초콜릿 복근, 몸짱 만들기 등의 신조어가 성행하며 보디빌딩을 하는 사람들이 많다. 이렇게 몸의 근육을 만들 때도 부단한 훈련이 필요하지 않은가? 인간의 마음도 마찬가지다. 부단한 훈련을 통해 뛰어난 인격자로 거듭나는 것이다. 그런 의미에서 평생교육이라는 훈련을 통해 남을 이해하고 배려하는 습관을 만드는 것이 중요하다. 결국 사회통합의 핵심 열쇠는 교육이 쥐고 있는 것이다.

08

공정 사회가 답이다

2010년 마이클 샌델의 《정의란 무엇인가》라는 책이 우리나라에서 화제가 되었다. 27세에 최연소로 하버드 대학교 교수가 된 샌델은 기존의 자유주의 이론을 비판하면서 세계적 명성을 얻었으며, 그의 정치철학 강의는 하버드에서 20년 동안 최고의 명강의로 손꼽히고 있다.

한때 우리나라 베스트셀러 최상단을 차지했던 이 책은 위대한 사상가들의 정의에 대한 철학을 비판적으로 살펴보았는데, 저자가 정답을 제시하지는 않지만 독자들이 정의에 대해 충분히 생각해볼 수 있는 양질의 지식과 계기를 제공한다는 측면에 의미 있는 책이었다.

이렇게 정의에 대한 책이 베스트셀러가 되고 정의라는 화두가 크게 유행한 이유는 무엇일까? 역설적으로 우리 사회에 정의가 부재까지는 아니더라도 일상적으로 찾아보기 어려우며, 그 개념이 모호해질 정도로 정의롭지 못한 일들이 빈번하게 일어나기 때문이다.

정의롭지 못한 사회는 신뢰가 없고 신뢰가 없는 사회는 통합될 수 없다. 서로 믿지 못하고, 그래서 적대적으로 생각한다면 어떻게 통합이 될 수 있겠는가. 따라서 우리 사회가 더 원활하게 소통하고 통합하기 위해서는 정의롭고, 그래서 신뢰가 있는 사회를 만들기 위해 힘써야 할 것이다.

다시 정의正義로 돌아가서 정의에 대한 개념을 나름 정의해보면, 사람이 사람다운 노릇을 하는 것이 정의다. 따라서 인간이 정의롭기 위해서는 인간의 역할을 해야 한다. 인간의 역할이란 공동체 안에서 하는 역할을 의미한다. 인간人間은 그 글자에서부터 공동체 안에서의 인간이라는 개념이 포함되어 있기 때문이다. 따라서 공동체에서 공존하기 위한 역할을 해야 하고 일방에 편중된 편파적인 행동을 하지 않아야 한다. 즉 함께 더불어 살 수 있도록 노력한다는 것이다.

공평무사하지 않고 특정한 집단의 이익만을 위한다면 정의로운 것이 아니다. 그렇게 된다면 약육강식이 되고 한쪽의 일방적인 지배를 의미하게 된다. 이것을 정치적인 상황에 빗대어보면 민주 사회가 아닌 독재 사회가 되는 것이다. 따라서 민주 사회, 정의 사회가 되기 위해서는 공평무사해야 한다. 그리고 공평무사하기 위해서는 공평한 분배가 이뤄져야 한다.

정의롭고 신뢰가 있는 사회를 줄여서 공정 사회라고 한다면, 공정 사회의 가장 큰 특징은 무엇일까? 20세기의 성자라 불렸던 간디가 생각하는 공정 사회로 가는 길은 무엇이었는지 살펴보자.

간디는 1925년 발표한 〈젊은 인도〉라는 글에서 당시 인도에 만연해 있던 사회 병폐 7가지를 지적했다.

첫째, 원칙 없는 정치. 정치에 원칙이 없으면 사회적으로 불신이 퍼져나가게 된다.

둘째, 노동 없는 부富. 열심히 일하는 자가 잘사는 사회가 되어야 한다.

셋째, 양심 없는 쾌락. 윤리와 도덕이 땅에 떨어진 사회는 미래가 없다.

넷째, 도덕 없는 경제. 공생 발전과 동반 성장의 윤리 경영을 이뤄야 한다.

다섯째, 인격 없는 교육. 남을 배려할 줄 모르는 이기적인 사람들이 사회에 양산되는 것을 막아야 한다.

여섯째, 인간성 없는 과학. 인간에 대한 깊은 애정을 바탕으로 한 과학 연구가 필요하다.

일곱째, 희생 없는 종교. 군림하지 않고 봉사하는 종교가 되어야만 한다.

90년이 지난 대한민국에도 여전히 이 교훈은 유효하니 대한민국을 이끌어가는 지도자들은 참고해야 할 것이다. 그렇다면 지금 한국 사회의 시대정신에 맞는 공정 사회의 핵심은 무엇일까? 한마디로 규정하자면 공정 사회는 분배다.

존 롤스는 분배정의론의 개척자로 알려져 있다. 존 롤스는 정의에 관해 두 가지 원칙을 제시했는데 하나는 자유의 원칙이고, 다른 하나는 분배의 원리로서 차등의 원칙이다. 자유의 원칙은 누구나 평등한 기본권과 자유에 대해 동등한 권리를 가진다는 것이고, 차등의 원칙은 사회의 경제적인 평등을 말한다.

사회의 경제적 불평등은 두 조건을 만족해야 하는데, 첫째는 기회균등의 원칙이며, 둘째는 균등한 기회 속에서라면 사회적·경제적 차등 분배는 인정될 수 있다는 것이다. 단, 최소 수혜자 우선성의 조건이 덧붙여진다. 이것은 사회의 불평등은 불평등 때문에 생기는 최소 수혜자들에게 최대의 이익이 돌아가야 한다는 것이다.

그 이유는 인간이 가진 재능은 개인의 것이 아닌 사회의 공유재산이기 때문이다. 능력은 우연히 주어진 산물이기 때문에 능력을 사적으로 소유할 이유가 없다. 따라서 재능을 타고난 사람은 자신의 재능을 우연히 얻은 것이므로 그 재능을 적게 가진 불평등 때문에 발생하는 최소 수혜자들에게 자신의 이익을 나눠줘야 한다는 것이다.

존 롤스는 분배 정의를 케이크에 비유하기도 했다. 케이크를 나눌 때 칼을 잡고 케이크를 나눈 사람이 가장 마지막에 남은 조각을 가지는 것이 정의라는 것이다. 칼자루 쥔 자가 케이크를 많이 가져가는 세상은 정의롭지도 않다. 가진 자들이 최소 수혜자, 즉 약자를 최우선으로 배려한다는 전제하에서만 차등 분배를 인정한다는 말이다. 다시 말해, 정의로운 공정 사회가 되기 위해서는 공평한 분배가 이뤄져야 한다.

부와 권력 양 측면이 모두 공평하게 분배되어야 한다. 돈을 많이 가진 사람, 권력을 많이 가진 사람이 자신이 가진 것을 내놓지 않기 때문에, 또 공평하게 분배하지 않기 때문에 우리 사회가 정의롭지 못하고 혼란스러운 것이다.

우리나라는 현재 대통령제라는 정치체제를 갖고 있는데 대통령이 책임을 지고 국정을 수행하는 것은 좋지만, 대통령 한 사람에게 권력이 집중되는 것은 상당히 위험하다. 따라서 권력의 맨 윗단인 대통령부터 국무총리나 내각 등에 자신의 권력을 적절히 분배하는 것이 중요하다. 민주주의의 성숙은 분배와 비례하므로 우리 사회의 모든 권력이 고루 분배되어야 공정 사회가 될 것이다.

부의 집중은 더 말할 나위 없이 소량생산을 방해한다. 부의 집중이 바로 계층 갈등과 직결되는 것이 아니던가? 부의 분배에 대해서는 계층 갈등 편에서 많이 다뤘으니 여기서는 생략한다. 결론적으로 부와 권력이 분배되는 소량생산이 되어야 우리 사회가 통합될 수 있다.

분배의 원칙에 대해 덧붙이자면 사람 냄새가 나는 분배가 되어야 한다. 수평적인 분배나 수직적인 분배 한쪽만 강조해서는 안 된다. 분배의 씨줄과 날줄이 만나는 곳에 인간이 있어야 한다. 인간이 중심이 되는 분배란, 부족한 것을 메워주는 분배며, 다음으로 자신의 능력을 충분히 발휘할 수 있도록 역할에 따른 분배를 해야 한다.

타고난 재능이나 기회 및 자원이 부족한 이들에게 먼저 분배를 해야 한다. 그러한 분배가 끝나고 나면 각자가 맡은 역할에 따라 지위, 권력과 재화를 분배해야 공정한 사회가 되는 동시에 각자의 역량을 최대한 발휘하면서 발전의 동력도 강화할 수 있다. 간단히 정리하면 부족한 부분을 먼저 메우는 분배, 각자의 능력을 최대한 발휘할 수 있는 역할에 따른 분배를 해야 한다는 것이다.

예를 들면 가정 내에서도 이러한 분배가 잘 이뤄져야 평화로울 수 있다. 남편은 남편의 역할, 아내는 아내의 역할을 해야 한다. 역할 분배가 잘 이뤄지지 않으면 가정도 혼란에 빠진다. 이 말은 전통적으로 가장의 역할이 따로 있다는 것이 아니다. 각자가 상황에 맞게 역할을 잘 분배해야 한다는 뜻이다. 여자가 경제활동을 하면 남자는 당연히 집안일을 해야 한다. 물론 육아도 책임을 져야 한다. 함께 경제활동을 할 때도 공동으로 집안일을 해야 한다. 이렇게 매사에 분배해야 공정해지고, 공정해야 갈등이 없다.

한편, 분배를 사회제도의 측면에서 살펴보면 분배를 잘하기 위해서는 복지 제도가 잘 정립돼야 한다. 2015년 현재 박근혜 정부는 증세 없는 복지를 주장하고 있다. 여기에 대해 여야 등 각계에서 말들이 많은데, 하루빨리 이런 혼란스러운 상황이 수습되기를 바란다.

여기서 잠깐 정책의 일관성에 대해 언급하고자 한다. 우리가 지금까지 가꿔온 대한민국 사회의 소통 문화가 계속되기 위해서는 법과 정책에 일관성을 유지해야 한다.

국가정책에 대해 아쉽게 생각하는 점도 이 지점이다. 사회통합이라는 것은 하루 이틀에 이뤄지는 것이 아니다. 수십 년 앞을 내다보고 적어도 10년 이상 국가의 목표를 세우고 한 걸음씩 나아가야 한다. 장기적인 관점에서 정책이 일관성이 있어야 한다는 것이다.

다시 복지로 돌아가서 성장과 복지 사이에서 균형을 찾는다는 것은 쉬운 일이 아니다. 분명한 것은 소량생산으로 가기 위해서는 복지를 지향해야 한다는 것이다. 어떤 이들은 가난한 저소득층에 집중적으로 복지 혜택을 줘야 한다고 주장하고, 어떤 이들은 사회 전반에 보편적으로 복지를 증대해야 한다고 한다. 한 정치인은 복지를 너무 늘리면 국민이 게을러진다고 해서 구설에 올랐고, 또 어떤 이들은 지금은 복지를 할 때가 아니라 경제성장에 주력할 때라고 한다.

이렇게 무상급식이니 증세니 보편복지니 선별복지니 말들이 많지만, 그래도 기본 방향은 복지를 확충하여 우리 사회의 재화를 고르게 분배하는 것이 소량생산으로 가기 위한 지름길이다. 다음 순서로 보편복지를 할 부분과 선별복지를 할 부분을 정확하게 구분하여 바로 집행하는 것이다. 여기에 대한 사회적 합의는 빠를수록 좋으니 지도층에서 조속히 통합의 리더십을 잘 발휘하길 바란다.

춘추전국시대 법가 사상의 창시자인 한비자는 법 집행의 엄격성과 함께 어떤 일에 관해 판단을 내릴 때 결단의 중요성을 강조했다. 《한비자》 〈칙령편〉에는 이런 말이 있다.

5리를 걷는 동안 결단을 할 수 있는 자는 왕이 될 수 있다. 9리를 걷는 동안 결단할 수 있는 자는 왕은 될 수 없어도 강한 자다. 우물쭈물 시간을 보내면 나라가 침범을 당할 것이다.

사회의 부패한 부분은 도려내서 한시바삐 치료할 생각을 해야지, 세월만 보내다 보면 어느새 수습하기 어려울 정도로 나라가 망가질 수 있다. 올바른 길에 관한 판단이 섰다면 결단은 빠를수록 좋다는 것이다.

09

사회통합, 첫째도 교육 둘째도 교육이다

사회통합이 제대로 이뤄지기 위해서는 교육이 바뀌어야 한다. 소통의 문화를 어려서부터 익혀야 소통을 잘할 수 있다. 외국처럼 민주주의 문화, 수평적 소통의 문화가 삶 속에 자연스럽게 녹아 있는 국가의 국민은 우리와 비교할 수 없을 정도로 소통을 잘한다. 이렇게 소통을 잘하기 위해서는 먼저 우리 자신이 소통하는 체질로 바뀌어야 하는데, 이것을 가능하게 하는 것이 교육이다.

교육은 사람의 본성에까지 영향을 미치는 인간이 할 수 있는 가장 위대한 행위 중 하나다. 사람의 본성에 대한 시각을 동양철학에서 뿌리를 찾아보면, 대표적으로 우리가 널리 아는 맹자의 성선설과 순자의 성악설이 있다. 맹자의 성선설은 묵자의 겸애설로부터 시작되었다. 하지만 묵자의 겸애설은 유교의 인과는 약간의 차이가 있고, 오히려 훨씬 더 근본적이고 보편적인 가치를 담고 있다.

인이 사회적 관계에서 발생하는 신분과 질서를 바탕으로 한 충효를 중시한다면, 겸애는 모든 인간이 평등하다는 전제하에서 자신의 몸처럼 만인을 사랑하라는 것이다. 이것이 인간의 본성이고 하늘의 뜻이기 때문이다. 어쨌든 성선설과 성악설은 인간을 바라보는 대표적인 두 시각이다.

우리는 어느 쪽을 따라야 할까? 제1·2차 세계대전을 비롯하여 복잡한 역사를 거쳐온 인류의 모습을 살펴보자. 임진왜란과 한국전쟁을 거쳐온 우리나라 사람들의 삶의 역사도 돌이켜보면 결론적으로 한쪽으로만 치우치는 것은 옳지 않다고 본다. 인간의 본성은 선하기도 하고 악하기도 하다.

선한 본성이 약해져서 49% 이하가 되면 악해지는 것이고, 50%를 넘기게 되면 선하게 된다. 이것이 인간이기 때문에 선한 본성을 길러줘야 하는데 그것을 가능하게 하는 것이 바로 교육이다. 교육은 습관적 반복을 통한 체질화를 가능하게 하므로 지극히 중요하다는 것이다. 이렇게 교육은 반복적인 훈련을 통해 새로운 체질을 가진 사람으로 거듭나게 하는 것이다. 말하자면 교육을 통해 소통의 DNA를 우리 안에 심는 것이다. 인간의 본성을 바꿀 수 있다는 측면에서 교육 중에서도 가장 중요한 교육은 인성교육이다.

과거 역사를 잠시 돌이켜보면, 19세기 조선조 말은 서양 문물의 유입과 민족의 수난이 시작된 시기다. 한반도는 열강의 각축으로 혼란스러웠고, 마침내 일제의 침략으로 식민지 시대라는 고난의 역사를 맞게 되었다. 하지만 나라를 잃어버린 한민족은 이에 굴하지 않고, 애국충정과 의리 정신으로 집요한 독립운동을 펼쳐나갔다. 이러한 정신의 밑바탕에는 전통적 윤리 도덕인 인의예지신仁義禮智信이 있었다.

1945년 광복과 더불어 서구 민주주의 철학인 자유, 평등, 인권 사상이 여과 없이 유입되었고, 국가를 잃어버린 한스러움의 반작용으로 종래 지배계급의 윤리 도덕인 유교적 전통이 단번에 무너졌다. 이 때문에 한반도는 가치 혼돈의 시대를 맞는다.

더구나 남북 분단으로 서로 다른 정치체제가 양립하며, 민족 분열의 위기를 맞게 되고, 1950년에는 한국전쟁이라는 동족상잔의 비극마저 겪게 된다. 금수강산은 폐허가 되었다. 전쟁 이후 국가 재건 사업과 산업화는 가치의 혼란을 더욱 가중시켰고, 마침내 종래의 전통 사상이 부정되고 윤리 도덕은 공허한 구시대의 유물로 취급된다.

1948년 대한민국의 건국과 더불어 서구의 민주주의 교육이 시작되었고, 서구 사상에 입각한 교육이 진행되었다.

종래의 인간관은 인간 본성을 선 일변도로 생각하여 인의예지신의 구현이 선이라고 생각하였다. 그러나 서구의 자유, 평등 사상과 일제 식민지화, 독립운동, 남북 분단, 남북 분쟁, 외국 군대의 진주 등 파란만장한 역사의 물결을 경험하면서 과연 인간의 본성은 무엇인가에 대해 다시 생각하기 시작했고, 인간은 순수한 영적 존재만이 아닌 경제적, 물질적 존재임을 자각하게 된다. 따라서 종래의 형이상학적 윤리

도덕관에 대한 부정과 회의가 시작되었다.

이후 도덕적 해이가 만연하면서, 인간의 선하고 악한 본성을 동시에 인정하고 선한 본성을 높이고 악한 본성을 줄여나가는 도덕적 기초에 대해 고민하기 시작했다. 이러한 인식을 바탕으로 1974년 국민윤리 교과목이 개설되는 등 국민 정신의 순화와 인성교육이 이루어졌다. 철학개론은 대학에서 필수과목으로 자리잡게 되었고, 고등학교에서는 국민윤리 과목이 필수가 되었으며 일부 학교에서는 철학까지 필수과목으로 지정했다.

그러나 1993년 들어선 문민정부의 세계화 정책과 함께 1995년 이후, 국민윤리는 체제옹호라는 비판 속에서 선택과목으로 바뀌었다가 사라지고, 대학에서는 철학개론이 선택과목으로 전환되면서 사실상 인성교육은 반 토막이 나고 말았다.

인성교육은 윤리·도덕만을 아루는 게 아니라 인간에 대한 근원적인 문제를 사색하는 학문이다. 동서고금을 막론하고 인성교육을 통해 인간의 존엄성과 생명의 귀중함을 알게 된다는 점에서 필수 과목이요, 인성 훈련이라고 할 수 있다.

따라서 인성교육은 반드시 필요하며 오늘날 우리는 한국 사회의 각종 범죄, 부조리와 부정부패를 비롯한 다양한 갈등을 해결하기 위해 새로운 윤리·도덕의 틀을 만들고 인성교육을 과거보다 더 확대해서 재개해야 한다.

인간은 선한 본성과 악한 본성을 동시에 가지고 있으니 선을 향상시

킴으로써 악을 약하게 하는 도덕 원리를 개발해야 한다. 그것은 선과 악을 대립시키는 것이 아니라 선의 결핍이 악이라는 인식을 바탕으로 선을 향상하는 규범을 만드는 것이다. 그 기초가 되는 것은 인간 존중이다. 인간 존중은 사람을 사랑하는 것이고, 사람을 사랑하는 근본은 배려다.

전통 윤리에서는 인의와 선, 오륜을 말해왔다. 그 정신을 되살려 오늘날의 언어와 문화·체제에 맞게 바꾸고 그것을 규범화해야 한다. 다산 정약용 선생이 설파했던 부모, 자식, 형제, 친구 간의 배려정신이 오늘날 우리에게도 반드시 필요하다.

세계화 시대를 맞아 대한민국이 세계 10위권을 맴도는 경제 대국을 유지하고 더 발전시키기 위해서는 그에 걸맞은 선진국형 문화를 꽃피워야 한다. 그 문화를 만들어가는 밑거름이 인성교육이다. 선진국을 따라 프랑스처럼 철학교육을 고등학교 때부터 시작하거나, 철학 과목을 대학의 필수 과목으로 정하는 것도 한 방법이다. 무엇보다 국가 차원에서 인성교육특별위원회를 구성하여 인성교육에 관해 줄기차게 논의하고 그 방법을 연구하고 실천하는 것이 반드시 필요하다고 생각한다.

교육 역시 사회통합처럼 하루 이틀 만에 바뀔 수 있는 것이 아니다. 따라서 장기적인 전망을 보고, 하나씩 바꿔나가야 한다. 정권이 바뀔 때마다 새로운 정책을 내놓거나 조변석개朝變夕改하듯 졸속으로 교육정책을 만들어서 혼란을 가중시켜서는 안 될 것이다.

정책의 영향을 받는 가장 밑바닥의 국민 하나하나까지 모두 바뀌어야 진정으로 교육의 혁신이 일어났다고 할 수 있다. 그러므로 교육정책이라는 것은 백년지대계라는 장기적인 안목으로 만들어서 정권의 변화와 무관하게 긴 세월을 뚝심 있게 밀고 나가야 한다. 그렇게 자라나는 어린아이들 하나하나가 새로운 교육으로 무장할 때 진정한 사회통합도 가능할 것이다.

이처럼 사회통합에 대한 근본적인 문제해결은 교육에서 출발한다. 교육이야말로 소통과 통합의 알파이자 오메가라는 말이다.

그렇다면 구체적으로 사회통합을 위한 교육은 앞으로 어떻게 해야 할 것인가? 크게 세 가지로 정리해서 말할 수 있다. 첫째는 교육계를 정화하는 것이며, 둘째는 교육 격차를 해결하는 것이며, 셋째는 앞서 말한 인성교육과 같은 맥락에서 교육이 인간의 근본인 휴머니즘을 지향해야 한다는 것이다.

먼저, 교육계 전반이 깨끗해져야 사회통합도 잘될 수 있다. 특히 학생 대부분이 교육의 최종 목표로 삼는 지성의 상아탑이라고 불리는 대학을 깨끗이 하는 것은 시급한 일이다.

교육계를 맑게 하는 데 많은 시급한 일들이 산재해 있지만, 여기서 예를 하나 들면 사립대학이 부정부패와 각종 비리 등 여러 문제를 많이 일으키고 있다. 수년 전 이러한 사립대학의 개혁 문제가 크게 이슈가 되었는데 일부 사립대학과 연계한 정치 세력들의 지독한 반대로 흐지부지 넘어가고 말았다. 이 재단을 민간에 넘겨줘야 하는데, 그렇게 하려면 복지재단 등 그것을 승계할 수 있는 재단을 만들어서 구체적으로 이관하는 작업을 해줘야 한다. 그런데 그것을 추진하지 못하니 족벌 경영을 하는 사립대학들이 여러 문제를 일으키는 것이다. 정부가 책임감과 의지를 가지고 교육계의 부정부패를 없애야 할 것이다.

다음으로 중요한 것은 교육 격차를 해결하는 것이다. 교육 격차는 평등한 사회, 통합된 사회로 가는 큰 걸림돌이다. 출발 선상부터 다른 아이들보다 뒤지게 되니 나이가 들수록 그 격차는 더욱 심해지는 것이다.

교육 격차를 줄이는 데는 사다리가 필요하다. 사회통합위원회에서 교육 격차를 줄이기 위해 많은 일을 했는데 가장 기본적인 슬로건이 교육 사다리를 놓자는 것이었다. 계층 간의 갈등을 미리 방지하기 위해서는 상호 간에 자유롭게 이동할 수 있는 사다리가 필요한데, 여기에 가장 근원적인 사다리는 교육 사다리다.

경제적인 문제로 교육에 균등한 기회가 없는 학생들에게 희망을 줘야 한다. 요즘 시행하는 정책 중에도 일부 그러한 내용이 있다. 대학 입시에서 성적이 일정 수준 이상이 되는 농촌과 소외계층 학생들을 명문대에 들어갈 수 있도록 하는 입학 전형제도가 있다. 이러한 제도는 좀 더 확대 시행할 필요가 있다. 지금은 국립대학과 일부 사립대학에 한정되어 있는데 전국 공립대학으로 넓힐 필요가 있다. 또 지금은 농촌 우수 학생이 중심이 되고 있는데, 저소득층 학생들에게도 많은 기회를 줘야 한다. 이들이 국립대학을 비롯한 명문 사립대학에 입학할 수 있도록 하는 제도가 꼭 필요하다.

예전에 우리 세대에서 자주 사용하던 말로 설명하자면 한마디로 개천에서 용이 나올 수 있게 하자는 것이다. 지역에서 우수한 성적을 내는 학생들을 선출해서 지역 할당제로 명문대학에 보내주자는 실천적이고 효과적인 방안들은 많다. 여기에 대해 심도 있게 연구한 결과물들이 아직도 충분히 통합위원회의 자산으로 남아 있는 만큼 이것들을 잘 활용하여 정책안이나 법안으로 전환될 수 있게 노력을 지속해야 할 것이다.

끝으로 교육의 최종적인 지향점은 휴머니즘이 되어야 한다. 도덕·윤리의 근본은 인간중심주의다. 서구의 개념으로는 휴머니즘이라고 할 수 있다. 휴머니즘은 인간을 더 인간답게 만드는 일을 의미하는 라틴어 후마니오라humaniora에서 유래했다고 한다.

휴머니즘의 역사를 되새겨보면, 15세기에서 16세기에 이르는 기간 동안 유럽에서 일어난 문예부흥운동과 궤를 같이하여 일어난 인간중심주의, 인문주의, 인본주의를 통틀어 휴머니즘이라고 한다. 중세 시대의 봉건제와 종교적 이데올로기에 저항하여 르네상스 운동이 일어났고 여기에 맞추어 인간이 중심이 되는 사상이 발전하였는데, 이것을 통칭하여 휴머니즘이라고 하는 것이다. 중세시대의 속박되어 있던 개인을 인습으로부터 해방하는 것이 주된 이념이었고, 이러한 개인의 해방은 전 유럽의 역사를 한 단계 도약시키는 근본적인 변화였다.

휴머니즘은 17세기를 거쳐 18세기에 이르러 계몽주의 사상가들에 의해 각종 인간의 자연적 본성과 자유로운 발전에 관한 다양한 철학과 사상이 발전하면서 그 정점에 이르게 된다. 또한 이는 후일 프랑스에서 자유, 평등, 박애를 슬로건으로 혁명을 일으키는 철학적 기반이 되기도 했다.

부와 권력, 명예가 인간의 영혼보다 위대할 수는 없는 법이다. 인간 본유의 근원적인 가치를 소중히 여기는 사회가 되어야 한다. 가정에서부터 이러한 인성교육이 이루어져야 사회 전반에 물질보다 영혼을 중시하는 풍토가 형성될 수 있을 것이다. 또 이런 교육을 받고 자라난 아이들이 우리 사회의 지도층으로 성장하여 대한민국이 영혼을 중심으로 아름답게 통합된 사회가 되기를 진심으로 바라 마지않는다.